꿈을 담은 교문

꿈을 담은 교문

제1판 제1쇄 발행일 2020년 3월 15일
제1판 제2쇄 발행일 2024년 4월 5일

글 _ 배성호
기획 _ 책도둑(박정훈, 박정식, 김민호)
디자인 _ 서채홍
펴낸이 _ 김은지
펴낸곳 _ 철수와영희
등록번호 _ 제319-2005-42호
주소 _ 서울시 마포구 월드컵로 65, 302호(망원동, 양경회관)
전화 _ (02)332-0815
팩스 _ (02)6003-1958
전자우편 _ chulsu815@hanmail.net

* 이 책의 인세 중 일부는 서울 삼양초등학교 학생들에게 '꿈을 담은 교문' 장학금으로 지급됩니다.
* 이 책에 실린 내용 일부나 전부를 다른 곳에 쓰려면 반드시 저작권자와 철수와영희 모두한테서 동의를 받아야 합니다.
* 잘못된 책은 출판사나 처음 산 곳에서 바꾸어 줍니다.

ISBN 979-11-88215-41-6 03370

철수와영희 출판사는 '어린이' 철수와 영희, '어른' 철수와 영희에게
도움 되는 책을 펴내기 위해 노력합니다.

꿈을 담은 교문

학생들이 만들어 가는 학교 공간 혁신

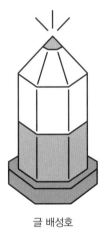

글 배성호

철수와영희

머리말
꿈을 담은 교문으로 초대합니다

4년이라는 긴 시간 동안 학생들의 노력 끝에 학교 교문이 새롭게 만들어졌습니다. 세상 그 어디에도 없는, 전교생들이 직접 참여하여 자신들의 꿈을 담은 교문입니다. 설계 디자인에서 예산 확보까지 학생들 스스로 해 나가면서 교문을 완성했습니다.

어떻게 이런 일이 가능했을까요? 학교 공간 혁신이 주요한 교육 정책으로 시행되면서 전국 방방곡곡의 학교들에서 새로운 실험이 펼쳐지는 가운데 초등학생들이 우여곡절 끝에 만든 교문 이야기는 여러모로 많은 자극과 함께 사회적 상상력을 불러일으켜 줍니다.

'진선진미'라고 하셨던 신영복 선생님의 말씀처럼
드러나는 결과만이 아니라 과정도 함께 생각하면서
오랜 시간 학생들의 참여와 노력 끝에 태어난
꿈을 담은 교문 이야기를 더불어 나눕니다.

*

학교 공간에서 우리가 흔히 놓치는 게 있습니다. 바로 교문입니다. 가물가물하고 어렴풋하게만 기억나는 경우가 많지요. 대개 교문은 그냥 통과하는 곳으로만 여겨졌기 때문입니다. 하지만 교문은 그저 '통과의례'의 공간이 아닙니다.

"초등학교의 입구는 수업이 시작될 때, 단지 학생들을 수용하다가 수업이 끝나면 다시 배출하는 출입문에 그쳐서는 안 된다. 초등학교 정문은 학교에 일찍 온 학생들을 따뜻하게 맞아들이고 방과 후에 남아 있는 학생들을 포용해야 한다. 학생들에게도 다양한 만남과 약속이 있다. 초등학교 입구에는 학생들이 걸터앉을 공간이 있어야 하며, 벽으로 차단되면 좋고 비를 피할 수 있으면 더 좋다."

헤르만 헤르츠버거의 『건축 수업』에 나온 위 문장처럼 교문은 그저 스쳐 지나며 통과하는 의미 없는 대상이 아니라 학생들을 반갑게 맞이하고 인사하는 장소입니다.

공기처럼 익숙한 것은 그 소중함을 잘 몰라요. 바로 교문이 그러합니다. 학생들뿐만 아니라 선생님과 학부모님들도 교문을 그냥 스치듯 지납니다.

교문은 이름 없는 존재가 아닙니다. 우리가 제대로 살피고 공명한다면 이전과는 다른 새로운 의미로 다가설 것입니다. 교문은 학교의 첫 인상을 결정지을 뿐만 아니라 학교생활의 시작을 알리는 출발점이자 중요한 이정표입니다. 어느 시인의 시처럼 우리와 공명하면서 그 이름이 불릴 때 비로소 살아 숨 쉬는 존재로 다가설 수 있습니다.

사실 제가 4년여라는 시간 동안 교문과 인연을 맺으리라고는 상상도 하지 못했습니다. 결코 짧지 않은 그 시간 동안 수많은 일을 겪으리라고는 짐작조차 못 했지요.

운명처럼 다가온 교문은 제 교직 생활의 전환점이었습니다. 교문을 만드는 과정에서 배운 것들이 참 많았기 때문입니다. 그럼 서울 삼양초등학교의 특별한 교문 이야기와 만나러 떠나 볼까요.

배성호 드림

차례

3
일상에서 시작하는 민주 시민 교육 – 인터뷰

1

교문 만들기

2016년 초 삼양초등학교의 예전 교문 모습.

공모전을 열다!

제가 5년 동안 근무한 서울 삼양초등학교는 경사진 언덕에 있습니다. 많은 학교들이 언덕에 자리하고 있지요. 언덕 입구에는 평범한 교문이 있었습니다. 오래전에 설계된 교문이다 보니 그 폭이 좁아서 종종 문제가 일어나곤 했습니다. 급식 차량이나 체험 학습을 위한 버스가 통과하지 못했거든요. 그래서 수학여행이나 체험 학습을 갈 때 버스를 이용하지 못했어요. 이 문제를 어떻게 해결하면 좋을지를 두고 많은 분들이 고민했습니다.

이런 상황에서 2016년 동문회의 도움으로 교문을 새로 만들 수 있게 되었습니다. 후배들의 어려운 상황을 알게 된 동문회에서 새로운 교문을 만드는 일에 도움을 주시겠다는 반가운 제안을 해 주신 겁니다.

하지만 어떻게 교문을 만들어야 할지에 대해서는 아무런 준비가 없었습니다. 그런 상황에서 교장 선생님께서 제게 교문 만드는 일을 해보면 어떻겠느냐는 제안을 주셨답니다. 해마다 서울시립대 도시공학과 정석 교수님과 디자인어스 동아리가 저희 반과 함께 열어 간 합동 수업을 떠올리신 것이었습니다.

처음에는 당황스럽기도 했지만 뜻깊은 일이라 생각해 한번 도전해 보기로 했습니다. 그렇게 교문 만들기가 시작되었습니다. 그때만 해도 4년여라는 오랜 시간이 걸릴 줄 몰랐습니다. 힘도 많이 들었지만 교문을 만드는 과정에서 참으로 배우는 바가 많았습니다. 학교 안팎으로 도움을 주시는 분들이 많았고 그 과정에서 학생들뿐만 아니라 저 역시 성장하는 계기와 마주할 수 있었기 때문입니다.

처음 교문을 만들 때 과연 어떻게 만들 것인가를 두고 고민에 빠졌습니다. 교문은 학교를 상징하는 얼굴 같은 존재로 이를 누가 구상하고 설계하느냐는 매우 중요한 문제였기 때문입니다. 한두 사람만의 의견이 아닌 전체 구성원의 참여가 중요했습니다. 이에 교문 설계를 전교 학생들과 교직원의 아이디어를 바탕으로 정하기로 하였습니다.

그렇게 뜻을 모으고 교문 만들기 공모전을 열었습니다. 이 과정에서 조촐하게 시상과 선물을 준비하면서 많은 호응을 얻을 수 있었습니다. 문화 상품권이라는 매력적인 선물도 한몫했지만, 학교 교문을 스스로 만든다는 점이 학생들을 비롯해서 학부모님들과 교직원들의 큰 관심을 불러일으켰기 때문입니다.

저는 학교에서 교육 통신 업무를 맡았습니다. 학부모님들과 교문 만들기 소식을 지속적으로 나누면서 의견을 수렴하기 위해서였습니다.

👉 **학교 공간 혁신 꿀팁**　　　　　　　　　　　　　　　　1

학교 공간 바꾸기는 학생들뿐만 아니라 교직원 그리고 학부모님들과 함께 해야 하기에 학교에서 발행하는 월간 통신 자료를 통해 진행 과정을 알리면 좋겠습니다. 서울 삼양초등학교에서는 학교 공간 혁신 사례를 매달 <삼양교육통신>으로 공유하면서 진행하였습니다.

서■울■삼■양■초■등■학■교

2016년 4월 1일 발행
제 15-2 호

바르고
슬기로우며
튼튼한 어린이

삼양교육통신

펴낸이 : 교장 최 면 섭
엮은이 : 교사 배 성 호
발행일 : 2016년 4월 1일
Home : http://samyang.es.kr

우리 학교 정문 디자인 함께 만들어 봐요!

새학년 새학기가 시작된 지 어느새 한 달이 지났습니다. 댁내 두루 평안하신지요?

꽃들이 만발하며 봄의 정취를 열어가는 4월이 시작되었습니다. 우리 삼양초등학교에서는 교직원과 학부모님들 그리고 학생들과 더불어 행복한 학교를 만들기 위해 특별한 준비를 하고 있습니다. 그것은 다름 아니라 학교의 얼굴이라 할 수 있는 정문을 바꿔가는 것입니다.

우리 학교 총동창회의 후원과 교육지원청의 협조 속에서 정문을 새롭게 만들기로 하였습니다. 이에 학생들과 학부모님들의 의견을 적극 수렴하여 학교 정문을 만들어가고자 합니다. 배움의 당사자인 학생들이 직접 정문 디자인에 참여하는 과정을 통해 민주 시민으로 성장하면서 스스로의 힘으로 학교 환경을 가꿔가는 소중한 체험을 열어가기 위해서입니다.

정문 디자인 공모

학교를 사랑하는 학생이나 교직원 누구나 새롭게 마련될 정문 디자인 그림 등을 마련해서 제출하고 이를 검토하여 실제 설계 시 반영할 수 있도록 노력하며 참가자에게는 소정의 상품을 지급할 예정입니다.

2015년 12월 22일자 한겨레신문에 보도된 서울삼양초등학교 학생들의 활약상

공모 안내

◇ **참여 대상** : 서울삼양초 재학생이나 교직원

◇ **참여 종목** : 새롭게 마련할 서울삼양초 정문 그림이나 스케치

◇ **참가 방법** : A4 용지나 8절 도화지 등에 만들고 싶은 정문 그림이나 스케치 제출

◇ **응모 기간** : 4.1 - 4.15 , 본교 6학년 5반 배성호 선생님에게 제출

◇ **수상 예정** : 적극적으로 참여한 응모작 중 수상작을 선정하여 (4월 28일)발표 및 포상 예정

으뜸상   1 명   문화상품권 3만원

버금상   3 명   문화상품권 1만원

참가상   10 명   문화상품권 5천원

학생 참여와 관심 나누기

교문 공모전은 폭발적인 관심 속에서 무려 100여 편 가까운 학생들의 응모작이 접수되었습니다. 처음에는 너무 좋았으나 차츰 그 수가 늘어나면서 부담으로 다가왔습니다. 과연 이를 어떻게 뽑느냐는 문제와 마주했기 때문입니다.

이때 고마운 지원군이자 귀인들을 만났습니다. 바로 교문 만들기를 할 수 있겠다는 결심을 굳히게 해 준 서울시립대 도시공학과 디자인 어스 동아리입니다. 대학원생과 학부생으로 구성된 이 모임 구성원들과 함께 이야기를 나누면서 교문 만들기를 심사하기로 했습니다.

학생들이 공모한 100여 편의 작품들을 살피면서 서울 삼양초등학교 학생들이 생각하는 교문은 과연 어떤 것인지 학생들의 마음을 읽어 갈 수 있는 시간과 마주할 수 있었습니다. 저 혼자 심사를 했었더라면

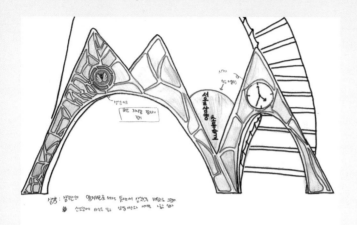

마음이 따뜻한 삼양어린이

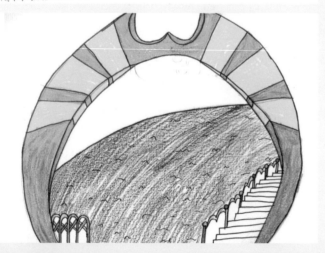

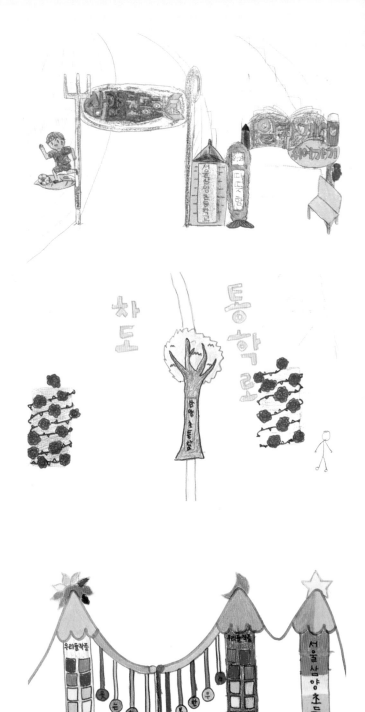

교문 공모전에
접수된 응모작들.

그림을 잘 그렸는지 등을 따지면서 단순하게 뽑았을 텐데, 천만다행이었던 게 전문가인 서울시립대 디자인어스와 함께하다 보니까 그림 같은, 외적 요소로만 뽑지 않았습니다. 왜 이걸 만들고 싶고 어떤 부분이 필요한지 정리한 부분들을 살피면서 종합적으로 심사를 한 것입니다.

공모할 때 작품만 제시하지 말고, 왜 이런 교문을 만들고 싶은지 간단하게 설명을 붙여 달라고 안내한 덕분입니다. 덕분에 공모에 응한 학생들의 바람을 좀 더 면밀하게 살펴볼 수 있었습니다. 고맙게도 디자인어스 동아리에서는 학생들이 제안한 내용을 정리했습니다. 100여 명의 학생들이 제출했던 응모작들이 놀라웠던 것은 그 속에는 삼양초등학교의 교화, 교목, 상징 등이 있었어요. 그리고 새로 만드는 교문이 따뜻하게 쉬어 가는 공간이 있었으면 좋겠다. 의자가 있었으면 좋겠다. 교문에서 향기가 나면 좋겠다, 교문에 시계가 있었으면 좋겠다는 등의 싱싱한 의견들이 나왔답니다.

심사숙고한 끝에 학생들이 마련한 정문 디자인에서 우수작을 뽑았습니다. 선정과 시상에서 끝내지 않고 한 걸음 더 나아갔습니다. 우수상을 받은 학생들이 직접 방송 조회 때 자신이 디자인한 교문 안을 발표하는 시간을 가진 것입니다. 이를 통해 전교생이 새롭게 마련할 교문에 대한 관심을 키워 나갔답니다. 당시 나온 시안과 수상 내역은 〈삼양교육통신〉에 실어 학교 교문 만들기가 학생, 교직원은 물론이고 학부모님들께도 알려 그 의미를 널리 나누고 확산하는 계기로 삼았답니다.

꿈을 담은 교문

서 ■ 울 ■ 삼 ■ 양 ■ 초 ■ 등 ■ 학 ■ 교

2016년 5월 2일 발행
제 16-3 호

바르고
슬기로우며
튼튼한 어린이

삼양교육통신

펴낸이 : 교장 최 현 섭
엮은이 : 교사 배 성 호
발행일 : 2016년 5월 2일
Home : http://samyang.es.kr

우리 학교 정문 디자인 공모 결과 발표

안녕하세요? 산에 들에 핀 예쁜 꽃처럼 아름다운 계절, 5월이 시작되었습니다.

아이들이 주인공이 되어 마련하기로 한 우리 학교 정문 만들기가 뜨거운 관심 속에서 진행되고 있습니다. 4월에 안내드린 정문 디자인 공모에 100여명의 학생들이 참여하여 반짝반짝 빛나는 작품들이 모였습니다. 이 작품들을 서울시립대 도시공학과 디자인어스에서 심사하여 아래처럼 결과를 안내드립니다.

정문 디자인 수상작

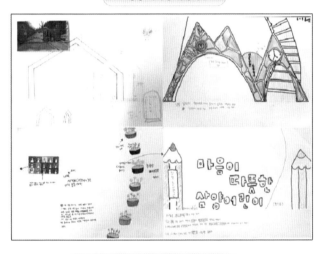

수상자 및 향후 계획

◇ **수상 선정**

　최우수 : 강우진(6-2)　　우수 : 홍서영(6-4), 박은빈(6-4), 이예진(6-5)

　장려　 : 유나영(1-1), 김현민(6-1), 이희성(6-2), 이세종(6-2), 오현서(6-2),
　　　　　 서예지(6-2), 이도현(6-5), 임아영(6-5), 박승현(6-6), 조성민(6-6),

◇ **향후 예정** : 수상작을 바탕으로 함께 만드는 교문을 위한 학생, 교사, 학부모 워크숍을 실시해서 멋지고 아름다운 교문을 만들어갈 예정입니다. 우리 학교 만들기는 5월초 한겨레신문 기사로도 소개될 예정입니다. 앞으로도 많은 관심과 응원 부탁드립니다.

교문 공모전은 여러모로 학생들과 교직원의 눈을 틔워 나가는 과정이었습니다. 전문가 등 외부 권위자가 뚝딱 결정해 주는 것이 아니라 스스로 모색하는 과정을 통해 일상의 재발견이 시작되었기 때문입니다.

"와, 우리 학교 교목이 이거였구나." "우리 학교 교화가 이거였네?" "교가를 새기면 어떨까?" 하는 얘기도 나오게 됩니다. 공모전에 올라온 작품은 1등 하나만 뽑지 않고 심사 위원단을 꾸려서 여러 작품을 모아 정리했습니다. 여러 학생들의 의견을 반영하여 교문을 만들기 위해서였습니다.

며칠 동안 식당에 게시판을 만들어 마음에 드는 작품 아래에 스티커를 붙이게 했습니다. 그러면서 학생들의 관심이 더욱 커졌습니다.

당시 〈가정통신〉, 〈삼양교육통신〉을 한 달에 한 번 보내는 일을 제가 했습니다. 그러면서 교직원, 학부모, 학생들이 다 함께 교문 설계에 참여하게 되었습니다.

초딩들, 자기네 학교 교문을 새로 꾸미다

- 강북구 삼양초등학교 교문 개선 프로젝트

아이들과 더불어 특별한 일을 하고 있다. 그것은 다름 아니라 학교의 얼굴이라 할 수 있는 정문을 새롭게 만드는 것이다. 학생들은 학교의 주인공이지만 정작 보호받고 교육받아야만 하는 대상으로 여겨졌다. 이런 관점을 유쾌하게 뒤집으며 아이들이 직접 학교 정문 디자인에 참여해, 스스로의 힘으로 학교 환경을 바꿔 나가는 중이다. 이런 과정이 아이들을 민주 시민으로 성장하게 해 줄 것이라 기대한다.

서울 삼양초등학교 교문은 폭이 좁다. 또한 정문 주변은 지금 경전철 공사를 하느라 체험 학습이 있는 날은 학교로 버스가 드나들기도 쉽지 않다. 이런 문제들을 안타깝게 여긴 학교 동문 선배들은 후배들을 위해 새 교문을 지어 주기로 했다. 이런 상황에서 재밌는 제안들이 나왔다. 교문을 전문가를 비롯한 어른들이 만드는 것이 아니라 학교의 주인이라 할 수 있는 아이들의 생각을 담아 만들자는 의견이었다. 열린 마음으로 제안을 받아 주신 교장 선생님을 비롯해서 항상 다양한 가능성을 몸소 보여 주고 가르침을 주는 어린이 친구들 덕분에 제안은 현재 진행형으로 이뤄지고 있다.

새 정문 공사를 앞두고 연 공모전에 100여 편이 넘는 공모 안이 모였다. 이 안들을 보고 있노라면 아이들의 반짝반짝 빛나는 생각과 만날 수 있다. 단순히 드러나는 교문 외형만이 아니라 교문을 구성하는 여러 의미들을 담은 아이들의 이야기를 통해 유쾌한 사회적 상상력과 마주할 수 있기 때문이다.

삼양초가 삼각산의 양지바른 곳이라는 뜻을 살리고 이 교문에 학교 마크와 시계를 그려 넣은 작품에서부터 우리 학교는 우리 손으로 만든다는 뜻으로 형상화한 교문 모양, 현재 교문을 직접 측정해 정밀하게 새로운 안을 기획한 안과 교문에 대한 기존의 상식을 깨뜨리며 경사가 심한 학교 공간에 새로운 방식으로 교문을 구성한 작품 들이 한데 모였다.

사실 일련의 공모 안들이 모이면서 이를 총괄하는 처지에서 행복한 고민이 시작되었다. 저마다 개성을 지닌 안들 중 선뜻 최종 안을 결정하기 어렵기 때문이다. 실제 교문 설계를 위한 최종 안 선출은 이번에 제출된 안들을 가지고 바로 결정하지는 않을 예정이다. 공모 안들은 일단 여러 학생들의 독립적이고 일차적인 의견으로 나온 것이기 때문이다. 이에 이 안들을 마련한 100여 명의 학생들 목소리에 귀 기울이며 교문을 진정으로 학교 구성원들이 더불어 함께 만들어 가는 과정을 준비 중이다.

이런 과정은 작년부터 우리 학교 아이들과 함께 학교 공간을 새롭게 바라보며 새로운 가능성을 알려 준 서울시립대 도시공학과 디자이너스 동아리 학생들의 도움말과 참여가 있어 가능했다. 이제는 20여 편 정도로 추린 공모 안을 가지고 학생, 교직원, 학부모와 더불어 교문을 함께 만드는 새로운 도전을 할 예정이다.

올 여름방학을 목표로 한 새로운 교문 만들기 프로젝트는 과연 어떤 결실을 맺을까? 단순히 드러나는 결과만이 아니라 목표에 이르는 과정이 아름다웠으면 좋겠다며 진선진미를 말씀하셨던 신영복 선생님의 말씀을 새기면서, 아이들과 새로운 교문을 만들어 가는 행복한 도전을 기대해 본다.

- 글 배성호, <한겨레> 2016년 5월 5일.

전문가와 함께하다

공모전을 통한 새로운 시도는 학생, 교직원, 학부모님들 그리고 이를 후원해 주신 동문회에서도 반겼습니다. 앞으로 마련할 교문에 대한 기대가 커졌어요. 정작 일을 꾸려 가야 하는 입장에서는 부담이 클 수밖에 없었습니다.

실제로 교문을 만들기 위해서는 전문적 지식과 함께 제작 경험이 필요했기 때문입니다. 저와 디자인어스 팀은 이 부분을 두고 고심하게 되었습니다.

이런 상황에서 공공 건축에 주목해 보았습니다. 공익적 성격의 건축물을 설계하고 짓는 건축가분이 우리와 함께하면 좋겠다는 바람이 커졌어요. 하지만 막상 아는 건축가분이 없는 상황에서 '무한도전'을 떠올렸습니다. 두드리면 열릴 것이라는 우직한 마음으로 주변에 도움을 구했습니다. 그러다가 서울시 건축 총괄 기획가이신 김영준 건축가를 소개받았는데, 본인이 직접 참여하고 싶지만 일정이 여의치 않다며 에브리 아키텍처 소장이신 강정은 건축가를 소개해 주셨습니다.

강정은 건축가는 현장에서 활동하고 계신 건축가로서 학생들과 함께해 주기로 한 것입니다. 최소한의 비용도 드릴 수 없는 상황에서 기꺼이 도와주시겠다는 말씀에 송구하면서도 감사했습니다.

강정은 소장님의 참여로 교문 만들기는 전환점을 맞았답니다. 전문가의 전문성이 결합되면서 학생들이 꿈꾸었던 바들이 현실로 구현될 가능성과 마주할 수 있었기 때문입니다. 디자인어스 팀도 마찬가지였습니다. 현업 건축가이자 대학 강단에서 학생들을 교육하는 교육자인 강정은 소장님으로부터 배울 점이 많았기 때문입니다.

세상의 문을 찾아서

교문을 만드는 과정에서 학생들은 상상력을 발휘했습니다. 학생들의 제안으로 교문 만들기 과정에서 교가 내용을 살펴보았습니다. 교가에는 대개 그 지역의 명소가 나옵니다. 교문에 이러한 상징을 반영할 수 있어요. 참고로 성북강북교육지원청에서 개발한 초등 3학년『고장의 생활』지역 교과서에는 강북구, 성북구 관내에 있는 모든 초등학교 교가가 수록되어 있습니다.

또한 교문을 비롯한 '문'의 기능을 다시 살피고 또 발 딛고 있는 삶터의 상징들과 새롭게 마주하는 경험도 했습니다. 실과와 미술 수업 때 컴퓨터와 일상 관찰 수업을 열어 가면서 학생들과 교문 이미지를 탐색하였습니다. 전국 각지의 아름답고 독창적인 교문들을 보면서 신선한 자극을 받았습니다. 제주 대정초등학교를 비롯해서 전국 각지에는 다채로운 교문들이 많았습니다. 우리에게 익숙한 기둥식 교문만 있는 것이 아니었습니다. 더불어 타이베이의 교문이나 파리 에펠탑 앞에 있는 평화의 문은 아이들에게 신선한 자극을 주었습니다. 국내외의 교문 알아보기 시간은 드넓은 세상과 마주하면서 상상력을 키우는 계기가 되었어요. 이를 통해 사회적 상상력을 열어 가면서 세상의 문을 찾기 시작하였답니다.

서울 삼양초등학교 교가.

제주 대정초등학교 교문. ©고아라

제주 함덕초등학교 선인분교 교문. ©신무삼

타이완 타이베이 충효초등학교 교문.

프랑스 파리 에펠탑 앞에 있는 평화의 문. 전 세계 47개 나라의 글자로 '평화'를 새겨 두었다.

아름다운 교문
만들기 프로젝트

교문 프로젝트의 선물

교문 만들기 수업 프로젝트는 4년이 지난 지금도 많은 시사점을 건네줍니다. 학생들이 동원 대상이 아니라 주도적으로 참여하는 모델을 열어 갔기 때문입니다. 지금은 학생 참여 디자인으로 학교 공간을 새롭게 만들어 가는 것이 정책적으로 뒷받침되면서 권장 사항으로 여겨지지만 당시에는 생소했습니다.

다음의 실행 진행 안은 실제로 학교 공간을 혁신하려는 선생님들에게 도움이 됩니다. 진행되었던 당시 이 과정을 통해 앞으로 어떻게 운영할지 가늠해 볼 수 있는 바탕이 되기 때문입니다. 학생들과 열어 간 과정 그리고 교사와 전문가들이 함께 협조 체계를 이원 체제로 해서 열어 간 사례는 앞으로 학교 공간 혁신을 열어 갈 분들이 참고해 보시면 도움이 될 듯합니다. 전체 큰 그림과 함께 이 과정에서 세심하게 유

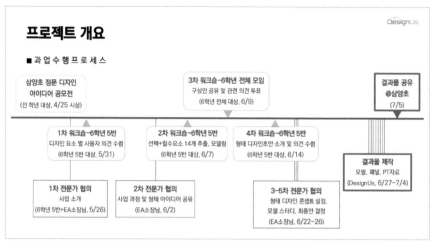

프로젝트 개요

■ 과업수행프로세스

삼양초 정문 디자인 아이디어 공모전
(전 학년 대상, 4/25 시상)

3차 워크숍-6학년 전체 모임
구상안 공유 및 관련 의견 투표
(6학년 전체 대상, 6/9)

결과물 공유 @삼양초
(7/5)

1차 워크숍-6학년 5반
디자인 요소 별 사용자 의견 수렴
(6학년 5반 대상, 5/31)

2차 워크숍-6학년 5반
선택+필수요소 14개 추출, 모델링
(6학년 5반 대상, 6/7)

4차 워크숍-6학년 5반
형태 디자인초안 소개 및 의견 수렴
(6학년 5반 대상, 6/14)

결과물 제작
모델, 패널, PT자료
(DesignUs, 6/27~7/4)

1차 전문가 협의
사업 소개
(6학년 5반+EA소장님, 5/26)

2차 전문가 협의
사업 과정 및 형태 아이디어 공유
(EA소장님, 6/2)

3-5차 전문가 협의
형태 디자인 콘셉트 설정,
모델 스터디, 최종안 결정
(EA소장님, 6/22~26)

교문 만들기 수업 프로젝트 개요 진행 안. (디자인어스)

의할 부분들을 함께 살펴보면 좋겠습니다.

당시 열어 갔던 아교만(아름다운 교문 만들기) 프로젝트 수업은 학교 공간을 새롭게 만들어 가는 과정을 생생하게 잘 보여줍니다. 무엇보다 학생들과 전문가가 함께 협업하면서 새로운 공간을 만들어 가는 과정이 인상적입니다. 이는 서울시립대 디자인어스 팀들의 헌신적인 노력과 건축가 강정은 소장님의 전문성이 함께 어우러졌기에 가능했습니다. 더불어 이 과정에서 교육 과정 재구성을 지원해 준 학교 측의 배려와 협조도 중요하게 살펴볼 부분입니다.

교문 만들기 프로젝트 수업에서 주목한 점은 학생들의 참여가 형식적으로 이루어지지 않았다는 점입니다. 삼양초등학교 수업에서는 학생 참여 디자인이 실제로 적용됩니다. 전문가만의 의견이 아니라 초등학생들도 충분히 의견을 개진하고 이 의견에 귀 기울여 주는 분위기가 형성되었기 때문입니다.

이 과정에서 주도적인 역할을 한 6학년 5반 친구들은 물론 전교생과 연계하였고 전문가 그룹과 지혜를 모아 나가는 숙의 과정을 통해 새로운 교문 만들기를 열어 갔습니다.

워크숍 1
마음 모으기

공모전이 끝나고 첫 번째 워크숍을 열었습니다. 워크숍이 뜻깊었던 것은 눈에 보이는 목표인 교문 완성만이 아니라 그 과정에서 학생들이 성장해 갔기 때문입니다. 으레 이런 프로젝트가 실시되면 결과에만 주목합니다. 물론 결과물을 잘 만드는 것도 중요하지만 일련의 과정을 통해 학생들의 성장을 이끄는 것이 필요합니다. 그러한 배움의 과정이야말로 참 멋지고 행복한 경험입니다.

👉 학교 공간 혁신 꿀팁   2

현재 실시되고 있는 학교 공간 혁신에서도 전문가(건축가 등)와의 협력을 강조하고 있습니다. 이 과정에서 전문가의 의견만을 받는 것이 아니라 배움의 주체이자 공간에서 생활하는 학생들의 참여를 이끌어 갈 수 있는 방안을 모색하는 것이 중요하겠습니다.

첫 번째 워크숍에서는 교문을 만들기 위해 사전에 고려할 네 가지 요소를 탐색했습니다. 일반적으로 건축물을 만들 때 '안전', '재미', '편리', '기능'이라는 네 요소를 고려합니다. 이를 통해 교문을 새롭게 살핀 과정은 학생들뿐만 아니라 교직원들에게도 신선하게 다가왔습니다. 교문을 다양한 시각으로 살필 수 있었기 때문입니다.

공모전에서 기발한 아이디어들이 많이 나왔습니다. '재미' 요소가 강조되었습니다. 더불어 교문의 '기능'과 '편리'도 돋보였습니다. 다만 '안전' 요소는 좀 더 살펴볼 지점들이 많았습니다. 전문가 그룹을 통해 공모에 대한 피드백이 이뤄지면서 교문을 어떻게 만들어 갈 것인지에 대한 이해력이 높아졌고 앞으로의 활동을 준비하는 시간이 되었습니다.

첫 번째 워크숍 장면.

워크숍 2
내가 원하는 교문은?

"이렇게 전부 모여서 이야기하는 게 말이 돼?"

"왜? 다 같이 모여서 이야기하니까 훨씬 좋은걸."

"향기가 나는 교문!"

"벤치가 있으면 좋겠다고."

"말도 안 돼!"

"아니야. 이곳에서는 다양한 가능성을 함께 생각해 보면 좋겠어요."

위 글은 학생들이 처음 교문에 대한 생각을 나눴을 때 반응들입니다. 두 번째 워크숍에서는 공모전 설계안을 모아 교문 설립에 필수적인 부분과 선택할 만한 부분에 대해 생각했습니다. 그러면서 생각의 지평을 넓히는 경험을 했습니다.

교문 만들기에 있어 꼭 필요한 요소들을 추리면서 프로젝트의 목적을 명확하게 살펴볼 수 있었습니다. 상대적으로 발랄한 아이디어들이 돋보이는 가운데 과연 이 중에 어떤 요소를 선택하여 담아낼 것인지를 두고 폭넓게 이야기 나누었습니다.

학생들과 함께 이야기를 주고받으면서 마련한 이 기록은 학교 공간에 대한 안목을 새롭게 열어 주면서 상상력을 펼칠 수 있게 해 주었습니다. 교직원들에게도 학교 공간에 대한 새로운 통찰력을 주었습니다. 교문만이 아니라 학교라는 공간을 새롭게 보고 주인으로 거듭나는 과정이 시나브로 펼쳐진 것입니다.

다소 엉뚱한 내용들도 반영되었습니다. 학교가 비탈진 언덕에 있다 보니 중간에 잠시 숨을 고를 수 있게 의자를 두어 쉼터를 만들자는 것이 그렇습니다. 이런 제안들 역시 대단히 중요하다고 생각했습니다. 교문 자체에 대한 제안에서 벗어나 폭넓은 아이디어를 받아들이면서 현실을 바꿔 나갈 수 있기 때문입니다. 4년여라는 교문 제작 과정이 힘들기도 했지만, 이렇게 서로 아이디어를 주고받으면서 우리에게 필요한 게 정말 무엇인지 학생들의 시선에서 새롭게 생각해 볼 수 있었습니다.

실제로 아이들의 제안은 현실로 이뤄졌습니다. 덕분에 새롭게 마련된 쉼터 공간에는 학생들은 물론이고 학부모님들도 잘 활용하고 계십니다. 지역 주민들이 학교에 운동을 왔을 때, 등굣길이나 하굣길에 학생들이 친구들과 이야기를 나누는 공간으로 이용되고 있습니다.

학생들이 교문을 만들었을 때 과연 어떤 얘기를 했을까요? '와, 이런 생각을 할 수 있구나.' 동료 교직원 선후배 선생님들과도 얘기해 보면 너무나 재미있고 흥미로웠습니다.

형태적인 측면에서는 교가에 삼각산이 나오다 보니까 삼각산 모양을 따오고 싶다는 얘기가 있었고요. 편편한 면이 있는 교문이었으면 좋겠다는 신선한 제안을 했어요. 무슨 이야기냐 하면 교문에 게시판 같은 게 있어서 '누구야, 만나자'라는 쪽지를 붙일 수 있는, 알림판 같은 기능을 하는 거죠. 그리고 경사가 있는 학교이다 보니까 보행자 도로와 차도를 분리하고 싶다는 얘기를 했어요. 안전을 위해서라도 그렇게 했으면 좋겠다는 제안도 있었고요. 그리고 학생들이 가장 중요하게 생각

등굣길이나 하굣길에 쉬어가는 쉼터.

꿈을 담은 교문

한 게 학교 안에 버스가 들어올 수 있어야 한다는 것이었습니다. 앞서 말씀드렸듯이, 너무 오래전 교문이라 폭이 좁아 버스가 들어올 수 없었거든요.

삼양초 학생들은 오랫동안 교문 폭이 좁아서 체험 학습이나 실외 활동을 하러 나갈 때 너무 고생을 해 왔어요. 버스가 들어오지 못했기 때문입니다. 그래서 이 문제를 가장 우선시했습니다.

햇빛과 비를 피할 수 있는 교문이었으면 좋겠다는 제안도 있었어요. 그러니까 교문이 쉼터 역할을 했으면 좋겠다는 제안이었고요. 그다음에 앉아서 쉴 휴식 공간이 필요하다, 교문이 이정표이자 쉬어 가는 고갯마루 역할을 했으면 좋겠다는 제안이었지요.

빛이 들어왔으면 좋겠다는 이야기도 있었습니다. 학교를 상징하는 마크, 즉 교표가 들어갔으면 좋겠다는 제안도 있었고요.

무엇보다 우리가 고민하는 과정들이 교문에 새겨졌으면 좋겠다는 제안을 했습니다. 최근에 지어진 식민지 역사 박물관 같은 공간에서는 실제로 그렇게 합니다. 시민들의 참여 내용이 벽면에 새겨져 있었어요.

더불어 이 과정에서 2000년 초반 경기대 이영범 교수님과 도시연대가 함께했던 「사용자 참여 디자인을 통한 열린 놀이터 만들기-서울 삼양초등학교 옥외공간을 중심으로」라는 연구 결과물도 찾을 수 있었습니다. 놀랍게도 당시에도 학생들이 참여해서 교문을 비롯한 학교 공간을 꾸며 갔으면 좋겠다는 제안이 있었어요.

아이들이 바라는 교문에 대한 생각

"삼각산 모양을 따오고 싶어요."

아이들이 바라는 교문의 형태

삼각산을 표현한 모양

판(板)으로 이루어진 형태

차와 사람이 분리된 형태

버스가 지날 수 있는 규모

아이들이 바라는 교문의 형태.

보행공간 살리기 + 벤치 두기

보행 공간 살리기 + 벤치 두기

형태	요소	디자인어스의 생각
삼각산을 표현한 모양	빛과 비를 피할 곳	즐거움을 위한 장면적 설계
판(板)으로 이루어진 형태	언덕 중턱의 휴식공간	
 차와 사람이 분리된 형태	어둠을 밝혀줄 조명	보행공간 살리기 + 벤치 두기
버스가 지날 수 있는 규모	학교를 상징하는 교표	접이문 현행 유지
	프로젝트 과정의 기록	

교문 디자인의 형태와 요소 그리고 디자인어스의 생각.

장소	공간 이미지	공간 개념
정문	기존공간 / 제안공간	높은 경사로 인해 통학 시에 학교전경을 볼 수가 없고 주변 건물과 옹벽에 가려서 인지성이 떨어지며, 특히 야간에 매우 어두운 교문 위에 초등학교 아동들의 흥미를 유발시킬 수 있도록 만화캐릭터를 연상시키는 형태를 가진 조명시설을 계획하였다. 정문의 통학로 주변은 조명시설이 미약해서 어두우므로, 밤 10시까지 개방하는 학교를 이용하는 지역주민들에게 정문을 밝게 비춰주기 위해서 교문 상부와 하부에 조명을 주었다.
진입로	기존공간 / 제안공간	넓은 차량진입로와 좁은 보행자계단이 갖는 공간모순을 해결하기 위해 등·하교 시간대 다수가 이용하기 힘든 좁은 계단을 확장하고, 획일화된 난간을 자연석으로 대치한다. 또한 위압감과 삭막함을 주는 옹벽에 꽃의 패턴을 추가하여 자연스러운 이미지를 부각시키고 작은 물줄기나 음악소리를 결합하는 것도 고려할 만하다.
운동장주변	기존공간 / 제안공간	아카시아 나무 아래 쉴 수 있는 정적인 놀이공간과 시각적인 개방감을 주기 위해 데크를 설치한다. 또한 폴리 놀이터와 자연스러운 접근을 위해 회랑식의 복도를 제안한다. 자연요소인 바람에 의해 움직이는 모빌식의 놀이공간을 주변에 배치하여 아이들에게 시각과 청각에 의해서 놀이가 만들어질 수 있는 공간을 제안한다.
음수대	기존공간 / 제안공간	폴리의 기본적인 모듈에 저학년의 신체적 조건과 놀이 기구의 적응력을 고려한 다중 놀이공간을 기존의 울타리와 음수대 사이에 배치한다. 등·하교길의 주 보행통로상에 배치된 미끄럼 놀이기구와 상부데크는 지역주민을 위해서 테이블과 휴식을 취할 수 있는 공간으로 활용된다.

이영범, 「사용자 참여 디자인을 통한 열린 놀이터 만들기─서울 삼양초등학교 옥외공간을 중심으로」
(한국교육시설학회지, 2005년 5월) 중에서

이영범 교수의 논문은 종합적으로 학교를 다시 보는 계기가 됐습니다. 덕분에 교문 설계 과정에서 더욱 풍부한 논의가 이루어질 수 있었어요.

초등학생과 대학생, 대학원생의 대화를 통해 학교 공간이 새롭게 보였습니다. 이런 논의 덕분에 삼양초등학교에서는 2018년 서울시와 강북구청의 지원을 받아 학교를 바꿔나가는 2018년 '에코 스쿨' 만들기 과정에서 학생들의 의견을 반영하여 교문을 마련하기로 했던 자리에 벤치를 마련했습니다.

이러한 과정들을 교문에 기록한다면 이 역시 새로운 전형이 될 수 있지 않을까 하고 생각했어요. 다채로운 교문이 가능하다는 생각은 우리의 상상력을 더욱 자극했습니다. 그중 기억에 남는 것을 몇 가지 소개하겠습니다. 우선 '향기가 나는 교문'이 있었고요. 사물 인터넷 기술을 활용하여 학생이 교문을 통과하면 '저 학교에서 지금 나가요.' 하고 가정으로 메시지를 보내자는 아이디어도 있었습니다. 이것은 반대하는 친구들도 있었습니다. 부모에 내 개인 정보가 노출된다는 비판이 있었습니다. 학교 수업이 끝나고 나서 좀 놀다 가고 싶은데 그럴 수가 없잖아요. 그래서 이런 부분들은 토론 수업으로 이어지기도 했습니다.

워크숍 3
교문 모형 만들기

학생들이 의견을 내는 데 그치지 않고 직접 교문 모형을 제작하기도 했습니다. 디자인어스 팀과 함께 모둠 별로 교문 모형을 만들면서 실제로 교문을 만들 때 고려할 점들을 살펴보았습니다. 그중 네 개를 같은 학년 친구들에게 우선 공개하고 의견을 받았습니다.

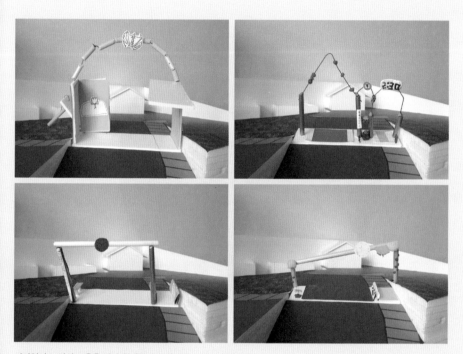

디자인어스 팀의 도움을 받아 학생들이 직접 만든 교문 모형들.

워크숍 4
6학년 전체 합동 수업

　　6학년 전체 합동 수업은 학교 친구들과 교직원, 학부모님들과 공유하고자 추진되었습니다. 우선 앞의 진행 내용을 6학년 전체 친구들과 나누는 학년 워크숍을 열었습니다. 그러면서 다른 반 친구들의 의견을 듣고 이를 반영했어요.

워크숍 5
최종 디자인

    교직원 회의에서 학생들이 디자인한 시안을 논의했습니다. 여기서도 다양한 의견들이 나왔고요. 학부모님들께는 〈삼양교육통신〉을 통해 교문이 만들어지는 과정을 공유하였습니다. 그리고 학교 전체 학생들에게는 방송 조회를 통해 그간의 진행 경과를 알렸습니다.

    꾸준히 이어 온 과정을 정리해서 나누고 이 결과를 바탕으로 최종 의견을 수렴하는 과정을 거쳤습니다.

    일련의 과정을 통해 최종적으로 다음과 같은 두 가지 안이 올라왔습니다. 학생과 교직원, 학부모님들이 함께 설명을 듣고 선택하는 자리를 가졌습니다.

    최종 논의 과정에서 다양한 의견들을 주고받을 수 있었습니다. 학생들은 물론이고 교직원과 학부모님들께서도 새롭게 마련될 교문 시

A안. 꿈이 있는 삼양초등학교, 꿈을 향해 나아가는 교문(학교를 향해 뻗어 있는 진취적 이미지를 형상화, 삼각산 능선을 은유적으로 표현, 구조물이 히나 된 일체의 형태).

B안. 마음이 따뜻한 삼양초등학교, 포근하게 감싸 주는 교문(학교를 품고 있는 따뜻한 이미지를 형상화, 삼각산의 세 개의 봉우리를 직접적으로 표현, 교문에서부터 벤치까지 길게 연결되어 있는 형태).

안을 두고 많은 이야기를 나누었습니다.

    최종안을 결정할 때 이런 과정은 효과가 있습니다. 학교 공간을 새롭게 바꿔 나간다고 할 때 처음에는 학교 구성원들의 참여가 활발하지만 시간이 갈수록 핵심적으로 일하는 소수만 남는 상황과 마주하게 됩니다. 일이 어려워서가 아니라 학교 구성원들이 뜻을 모을 장이 없기 때문입니다. 학교 공간 혁신은 단순히 특정 장소를 리모델링하는 공간 개선만이 아니라 학교 문화를 새롭게 만들어 가는 과정으로서 새로운 교육의 장이 되려면 이처럼 보다 많은 사람들의 참여가 필수적입니다.

  🔑 **학교 공간 혁신 꿀팁**   3

전체 흐름을 정리해 보는 것도 좋겠습니다. 프로젝트 과정에 주목할 필요가 있습니다. 전체적으로 어떤 과정을 거칠지 학생, 교사, 학부모님들이 전문가와 협업 논의를 통해 밑그림을 공유하는 것이 중요합니다.

정기용 건축가(1945~2011년)

학교 공간 혁신에서 함께 주목할 건축가가 있습니다. 순천 '기적의 도서관' 설계와 무주 지역 공공 건축을 이끈 정기용 건축가입니다.

"건축가는 '내가 그린 대로 살아라!'라고 주인들에게 명령하는 것이 아니라 건축가가 불확정하게 만든 것이 있다면 주민들 자신이 원하는 삶으로 재조직할 수 있도록 바탕을 만들어 주는 역할을 할 수 있어야 한다. 이것이 쌍방향적 건축이다."

건축가 정기용 선생은 건축에서 '쌍방향성'을 중요시했습니다. 주민들이 필요로 하는 목욕탕을 면사무소 1층에 짓고, 공설 운동장은 등나무로 관람석을 덮어, 경기가 없더라도 여름의 따가운 햇볕을 피할 수 있는 공간으로 만들었습니다. 이는 설계상의 필요가 아니라 그곳을 이용하는 이용자 다수의 필요에 충족하는 방식이었습니다. 그의 건축 원칙은 '주민의 쓸모'였지요. 땅의 기후와 풍토에 걸맞게, 놓일 풍경에 맞춰, 그리고 공공건물을 사용할 사람의 필요에 따라 지은 것입니다.

정기용 선생님께서 하신 말씀은 비단 건축에만 해당하는 이야기가 아닙니다. 교육 현장에서도 고스란히 적용될 수 있습니다. 상급 기관이나 학교장 한 사람만의 의견이 아니라 다양한 학교 구성원들이 함께 만들어 가는 학교 공간 혁신을 모색하는 것입니다. 그 과정에서 늘 어리다고 또 배워야 하는 대상으로만 여겼던 학생들이 주체로 거듭나게 됩니다. 그런 의미에서 학교 공간 혁신에서 '쌍방향적 건축'의 의미를 새겨 보기를 권합니다.

뜻하지 않은 변수가
새로운 도전으로

최종 설계안을 결정하는 과정은 즐거운 축제의 한마당이었답니다. 아이들이 가장 익숙하고 많이 찾는 장소인 식당에 해당 내용을 게시하고 방송 조회 등으로 안내하면서 학생들이 직접 투표로 선택하게 했기 때문입니다. 그 결과 최종적으로 A안이 선택되었습니다.

그런데 뜻하지 않은 변수가 생겼습니다. A안에 맞춰 건축 설계 사무소에서 설계까지 다 마쳤는데 복병을 만나게 되었어요.

안전 기준이 강화되면서 구조용 소방차가 들어올 수 있게끔 교문의 높이를 수정해야 한다는 지적이 들어왔어요. 안전 검사에만 100여만 원이 지출되었는데 문제는 교문 설계 변경에 드는 추가 비용이었습니다. 첫해 동안 별 탈 없이 진행했던 교문 만들기 프로젝트가 위기를 맞이한 거예요. 엎친 데 덮친 격으로 첫해에 혁신적인 아이디어를 제시하신 강정은 소장님께서는 건축 사무소 이전과 강의 등으로 인해 함께 하지 못하게 되었습니다.

다행히도 2017년 2년 차부터는 홍경숙 건축가가 참여했습니다. 이분은 2016년 하자센터와 함께한 '움직이는 창의 프로젝트' 당시 반 친구들과 함께 학교 공간을 바꿔 나가고 이를 직접 설계해 주시면서 만나 뵙게 되었습니다. 당시 서울시립대학교 디자인어스 팀과도 계속 함께했습니다. 교문 만들기 과정에서 홍경숙 건축가는 좌초 위기의 삼양초 교문 만들기에 큰 힘을 실어 주실 뿐만 아니라 아이들과 더불어 유쾌한 상상을 현실로 만들어 가는 데 중요한 역할을 해 주셨습니다. 프로젝트 2년 차가 되면서 이분들과 함께 교문 설계 변경을 위해 의견을 나누었습니다. 그 결과 두 기둥만 세우자는 아이디어가 나왔습니다. 교문 자체를 7미터 이상의 높이로 올리는 것은 현실적으로 어려움이 있었기 때문입니다.

최종적으로 삼각산 모양을 형상화하면서 학생들이 친근하게 다가설 수 있는 색상을 넣는 교문을 준비하였습니다. 그런데 설계를 다 마친 상태에서 뜻하지 않은 난관과 마주했습니다. 정문 위치를 두고 새로운 의견이 나왔기 때문입니다. 교직원들과 교장 선생님께서 정문을 당초 세우기로 한 위치가 아닌 아래쪽으로 내리는 의견을 제시하였답니다. 이 과정이 참 아쉬웠습니다. 작년부터 설계 위치를 정해서 한 것을 최종 결정 직전에 조정해서, 공들여 학생들과 마련한 안이 허망하게 구

2017년 2년 차에 홍경숙 건축가가 설계한 교문 안. 학생들의 의견을 반영해 삼각산 모양을 형상화했다. ©홍경숙

현되지 못했기 때문입니다. 그럼에도 홍경숙 건축가는 학생들과 더불어 또 다른 대안을 모색하면서 교문 만들기에 매진하셨습니다. 하지만 급작스러운 교문 위치 조정으로 인해 착공에 들어가지 못하면서 2년 차에도 교문 설계 결정이 이루어지지 못했습니다.

2018년 3년 차에도 교문 만들기 시도는 계속되었습니다. 장소를 아래로 옮겨서 만드는 교문 시안도 다채롭게 나왔습니다. 특히 교문 위치 조정이 생기면서 큰 변화가 있었습니다. 그것은 옹벽이 있는 자리로 인해 교문이 대칭형이 아니라 지형에 맞게 설계하는 것이었습니다.

하지만 3년 차에 교문 만들기는 큰 벽과 마주하게 되었습니다. 당초 교문 지원을 약속하신 동문회의 사정이 여의치 않아 지원이 끊기면서 교문 제작 자체가 불투명해진 것입니다. 이로 인해서 학생들이 크게 실망했습니다. 교문 건립 시도조차 못 할 상황과 마주했기 때문입니다.

교문 만드는 일이 결코 만만치 않다는 점을 절감했습니다. 그러면서도 아이들과 함께 열어 온 과정을 헛되게 해서는 안 되겠다는 생각을 하면서 교문을 꼭 만들어야겠다고 다짐했습니다. 간절히 원하면 꿈에도 나타난다고, 제 꿈에 교문이 나올 지경이었습니다. 그러다가 어느 과학 책에서 '레고로 다리를 만든다면?'이라는 내용을 읽게 됩니다. 퍼뜩 아이디어가 떠올랐어요. 정말 레고로 교문을 만들 수도 있겠다는 생각을 한 것이지요. 이 이야기를 아이들에게 했더니 반응이 폭발적입니다. 지인들도 마찬가지였습니다. 이런 와중에 제주공항의 레고로 한

라산 모형을 만든 조형물을 보면서 우리도 가능하겠다는 생각이 들었습니다.

레고코리아에 연락을 취했습니다. 해당 회사에서는 반가운 제안이라면서 동문회나 기업 등의 후원을 받으면 어떻겠냐고 의견을 주었습니다. 기금을 모아야 했기 때문입니다.

하자센터와 함께한 '움직이는 창의' 프로젝트
-학교 공간은 학생들에게는 어떤 의미일까요?

첫해 교문이 바로 만들어지지 않았지만 교문 만들기 프로젝트 덕분에 서울 삼양초등학교에서는 학교 공간 혁신이 이뤄질 수 있었습니다. 서울시 교육청이 현재 활발하게 진행 중인 '꿈을 담은 교실'의 모델이 바로 서울 삼양초등학교에서 시작되었습니다. 교문을 직접 학생들 손으로 만들어 간다는 소식을 듣고 서울시 교육청에서 새롭게 도전하는 프로젝트의 첫 출발을 삼양초에서 열어 가면 좋겠다고 제안해 주셨기 때문입니다. 덕분에 '꿈을 담은 교실'의 파일럿 프로그램인 '움직이는 창의 클래스'가 교문 만들기 첫해인 2016년에 시작되었습니다. '꿈을 담은 교실'은 그 이름처럼 이제까지와는 다른 학생들의 꿈이 담긴 교실을 만들자는 것입니다. 핵심은 학생들이 건축가와 함께 학교 공간에 자신들의 꿈을 담아 만들어 가는 것이었습니다. 처음에는 이 같은 일이 가능할까 하는 의구심이 많았습니다. 하지만 서울 삼양초등학교 학생들의 교문 만들기 프로젝트 소식을 전해 들은 서울시 교육청에서는 학생들이 주인공이 되어 학교 공간을 바꿔 나가는 새로운 도전을 삼양초에서 함께 열어 나간 것입니다. 덕분에 삼양초에서는 유쾌한 사회적 상상력이 현실로 이뤄졌습니다. 더불어 학생들과 저는 그 과정에서 하자센터를 비롯해 좋은 분들과 함께 소중한 수업을 열어 갈 수 있었습니다.

'움직이는 창의 클래스'는 '놀이'의 관점에서 학교생활에서 일어나는 다양한 이야기를 꺼내 놓으면서 직접 공간을 바꿔 나가는 참여 디자인·건축 프로젝트였습니다. 서울시립 청소년 직업체험센터 '하자'가 8년째 '지속 가능한 삶을 위한 전환과 연대'라는 주제 아래 이어가고 있는 다양한 시도 가운데 하나예요. 삼양초등학교는 교문 디자인 바꾸기 프로젝트를 진행하던 중 서울시 교육청 협조로 하자센터 사업을 알고 참여하게 됩니다. '움직이는 창의 클래스'는 산양초등학교가 처음으로 시범 실시하게 됩니다.

『우리가 학교를 바꿨어요!』(글 배성호, 초록개구리 펴냄)
2016년 하자센터와 서울 삼양초등학교가 함께 진행한
'움직이는 창의클래스 – 삶의 공간으로서의 학교'
프로젝트의 내용을 담았다.

교육감님께 편지 쓰기

난관에 부딪힌 프로젝트의 돌파구를 어떻게 찾으면 좋을까 고민하는 시간이 많아졌습니다. 아직도 못 만들었느냐는 말도 많이 들었습니다. 게다가 학교는 현재 교문이 없는 상태였습니다. 첫해에 최종안이 나오고 기존 교문을 없앴기 때문입니다. 교문이 없는 상황을 어서 끝내야겠다는 마음보다는 그동안 아이들과 기울인 정성과 노력이 헛되어서는 안 되겠다는 생각이 더욱 컸습니다.

그 누구보다 함께 공부하는 반 친구들이 아쉬워했습니다. 문제를 어떻게 풀어 갈 것인가를 두고 많은 이야기를 나눴습니다. 학생들은 과거에 이와 비슷한 위기를 극복했던 경험을 찾았습니다. 안전 지도를 만들고 이를 통해 학교 주변에 위험한 곳을 구청장님께 전해서 바꾼 사례를 책으로 접했습니다.

초등학생들이 자신의 힘으로 박물관과 동네를 바꾼 사례를 담은 책들.
『우리가 박물관을 바꿨어요!』, 『안전 지도로 우리 동네를 바꿨어요!』

그러면서 한 가지 유쾌한 제안을 합니다. 바로 서울시 교육을 총괄하는 교육감님께 우리 학교 교문을 지어달라고 요청하는 편지를 쓰자는 것이었습니다. 처음에는 편지를 쓴다고 읽어 주실까 하며 반신반의하던 학생들이 그래도 한번 도전해 보자고 뜻을 모았습니다. 그렇게 학생들의 뜻이 모이자 국어 시간에 정성을 다해 편지를 썼습니다. 그리고 이 편지들을 모아서 서울시 교육감님께 보냈습니다.

편지를 쓰면서 아이들은 그동안 펼쳐 왔던 활동의 의미들을 다채롭게 되살려 냈습니다. 편지를 준비하면서 새삼 아이들은 어떤 마음으로 참여했는지 되돌아볼 수 있었습니다. 교문을 만드는 일이 학생들의

교육감에게 보낸 편지들.

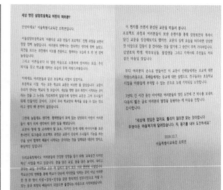

교육감이 보내온 편지.

문화를 만들어 가는 과정이라는 것을 새삼 깨달았어요.

그렇게 며칠이 지나고 반갑게도 교육감님의 답신이 왔습니다. 학생들은 만세를 불렀습니다. 교육감님께서 교문을 짓기 위해 노력한 친구들을 응원하면서 서울 삼양초등학교 교문 만들기를 지원해 주시기로 했거든요. 정성을 담아 격려해 주신 편지는 학생들에게 큰 용기와 자신감을 북돋아 주었습니다.

교육감님의 답신은 학생들에게 커다란 자부심을 주었습니다. 교문 건축 비용에 대한 지원도 물론이지만 무엇보다 아이들의 마음을 읽고 꿈을 키워 갈 수 있게 배려해 주신 점이 감사했습니다.

생텍쥐페리의 소설 『어린 왕자』에는 배를 만들려고 할 때, 기술을

꿈을 담은 교문

가르치는 것보다 바다를 꿈꾸게 하는 것이 중요하다는 말이 나옵니다. 교육감님의 편지가 아이들의 가슴에 가능성이라는 씨앗을 심어 준 것입니다.

이후 학생들은 힘이 나서 새롭게 교문 만들기에 힘을 쏟기 시작했습니다. 학교에서도 크게 환영했습니다. 학생들이 직접 교문을 만들 길을 열었기 때문입니다.

이 일은 언론에도 소개되어 학생들은 자랑스럽게 자신들의 활약을 부모님을 비롯해 친구들에게 알렸습니다. 우리는 손쉽게 뚝딱 찍어 내는 교문보다 힘겹지만 함께 노력하며 만들어 가는 교문이 훨씬 더 값어치가 있음을 깨달았습니다.

최종 선정

 2018년 11월 교문 설립을 가로막던 문제가 해결되자 우리는 행복한 고민에 빠졌습니다. 과연 어떤 안을 선택할 것인가 하는 문제만 남았기 때문입니다. 우리는 최대한 학생들의 참여를 보장하자는 원칙을 다시 한 번 확인했습니다. 기본으로 다시 돌아간 것입니다. 공모전 과정을 되돌아보면서 학생들이 가장 원했던 것들을 담아내기로 했습니다.

 하지만 또 다른 벽과 마주했습니다. 바로 행정상의 이유로 2년여 동안 성심성의껏 교문 만들기의 길을 열어 주신 건축가 홍경숙 선생님과 함께하지 못하게 된 것입니다. 지금 생각해도 교문 만들기 과정에서 가장 아쉽고 또 송구한 부분입니다.

 2019년 4년 차에 우리는 홍경숙 건축가께서 마련해 주신 사각 앵글을 갖고 직접 교문이 마련될 장소를 찾아 새롭게 구상을 해 보았습니

학용품을 이용한 교문 아이디어.

다. 아이들은 교문이 들어서면 어떨지 현장에서 직접 그려 볼 수 있었습니다.

아이들의 유쾌한 도전이 시작되었습니다. 아이들이 좋아하는 일상의 물건들로 교문을 디자인한 것입니다. 급식을 좋아하는 친구는 수저와 포크로, 글쓰기를 좋아하는 친구는 연필을 비롯한 학용품으로 교문을 그려 보는 등 다양한 아이디어가 쏟아져 나왔습니다.

학교 공간 혁신이 전국적으로 확산되면서 EBS 미래교육플러스의 토론자로 초대받았습니다. 저는 흔쾌히 출연하기로 했습니다. 학생들이 주체가 되어 학교 공간을 바꿀 수 있다는 점을 널리 알리고 싶었기 때문입니다. 저는 그 자리에서 삼양초등학교 학생들이 만들어 가고 있는 교문에 대해 소개했어요. 방송을 본 학생들은 더욱 힘을 낼 수 있었습니다.

우여곡절 끝에 서울 삼양초 교문 최종안은 연필형으로 모아졌습니다. 2016년 삼양초등학교 전교생을 대상으로 공모전을 진행했을 때 현실적으로 설치 불가능한 아치형을 제외하고 학용품의 형태를 지닌 설계안이 가장 많았습니다. 2017년에 진행된 공모전에서도 72개작 중 23개작(32%)이 학용품(연필)의 형태였어요. 학생들은 연필이 갖는 상징성과 함께 삼각산을 형상화한 것을 선호했습니다. 친근하면서도 재밌는 교문을 원했던 거예요. 그런 제안이 가능했던 것은 일상을 관찰한 덕분입니다. 학생들은 동네 시장의 출입문을 비롯해서 아파트 입구 등을 찾아보면서 학교 지형에 어울리는 교문을 구상했어요.

그렇게 연필 모양의 교문으로 결정되었습니다. 교문이 들어설 자리 맞은편에 돌로 된 옹벽이 있어서 기존의 대칭형 교문이 아닌 단독 조형물로 결정했습니다.

모형 만들기 과정

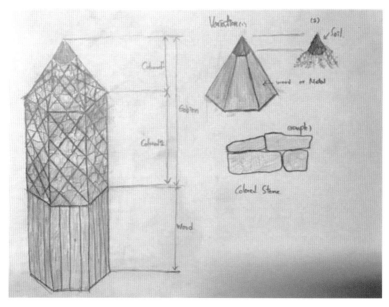

설계 아이디어. (정리: 디자인어스)

1. 연필의 형태를 바탕으로 높이 3미터, 폭 1미터의 구조물 설치

2. 구조물은 개비온(gabion, 돌망태) 기법을 적용한다. 선정 이유는 다음과 같다.

   1) 역사성: 기존 교문을 철거한 후 생기는 잔해물을 새로운 교문에 사용하면서 기존 교문을 회상할 수 있도록 함.

   2) 친환경성: 철거 잔해물을 사용함으로써 자원을 재활용할 수 있다.

   3) 학생들의 추억: 철거 잔해물에 학생들이 그림을 그리거나 글을 적게 하여 학생들이 함께 만드는 교문임을 강조한다.

3. 상단의 연필심 부분은 목재나 나무색 금속을 사용하여 부드러움을 강조할 수 있다. 또는 심지 부분에 흙을 채워 덩굴 식물을 식재할 수도 있다.

4. 하단은 자연과 조화를 이루며 함께 성장해 가는 방식으로 구성함.

　　연필 모양 교문으로 정하면서 바탕색을 무엇으로 정할지, 그리고 또 표면을 어떤 재질로 만들 것인가를 두고 즐겁게 이야기를 나누었습니다. 나무 모양이지만 표면은 철로 만들기로 했습니다. 철이 녹이 슬면서 학교 입구 높다란 돌담과 어우러지도록 했습니다. 계절의 변화처럼 교문 색깔이 변화도록 철을 활용하기로 하였답니다. 이는 삼양초등학교 동문들의 의견이 반영된 것입니다. 아이들은 이런 철의 성질을 이해하고 실제로 이를 구현한 쇳대박물관과 계성고등학교 교문을 참고하였습니다. 이렇게 세대를 초월한 소통을 통해 최종적으로 교문 디자인 설계가 마무리됩니다. 그 안에는 수많은 어린이 친구들과 전문가들

의 뜻과 정성이 담기게 되었고요.

그리고 연필 모양의 교문에 돌을 넣기로 했습니다. 돌을 넣는 것은 옹벽과의 조응도 있지만 더 중요한 의미가 있습니다. 원래는 기존 교문의 잔해를 활용하려는 계획이 있었습니다. 하지만 이 계획은 아쉽게도 현실로 구현되지 못했습니다. 교문 철거를 급하게 하는 바람에 역사적 가치가 있는 교문 잔해를 모아 두지 못했기 때문입니다. 이런 아쉬움 때문에 교문 잔해는 활용하지 못했지만 전교생이 직접 자신의 꿈이나 생각을 새겨 넣은 돌을 넣은 거예요. 이 과정을 함께하면서 아이들은 '꿈을 담은 교문'이라고 이름 붙였습니다.

소원을 담아 돌탑을 쌓는 마음으로 설계를 반영한 것입니다. 더불어 돌담을 쌓아가는 형태는 건축 기법으로 최근 널리 유행할 뿐만 아니라 돌담을 만들어 가는 정겨움을 함께 느낄 수 있어 최종안으로 결정될 수 있었답니다.

개비온 기법이 적용되어
돌담을 쌓아가는 형태로 지어진
양평 블룸비스타 호텔의 담장.

무지개 돌에 담긴 사연

　　교문 만들기 과정에 우여곡절이 많았습니다. 하지만 그럴 때마다 새로운 희망이 생겼습니다. 역설적으로 학생들이 주도적으로 교문을 만들어 갈 수 있는 여건이 마련되었기 때문입니다. 돌의 색깔을 어떻게 정할지, 어떤 글들을 새길 것인가를 두고 많은 이야기를 나누었습니다.

　　돌의 기본 바탕색을 무지개색으로 정했답니다. 우리는 선명한 이분법적 구도에 익숙합니다. 운동회 때 흔히 청군, 백군으로 나누고 토론 수업을 할 때 찬성과 반대로 나눕니다. 하지만 세상은 흑과 백이 아닙니다. 무지개처럼 다양한 색으로 이루어져 있지요. 학생들은 이 점에 주목해서 학교 교문에 들어갈 돌들의 바탕색을 어느 하나로 하지 않고 다채로운 무지개 색깔로 결정했습니다.

　　돌 바탕색 다음은 돌 안에 새겨 넣을 문구였습니다. 학생들은 자신들의 꿈과 생각을 자유롭게 담고 싶어했습니다. 고학년 학생들뿐만 아니라 초등 1학년 동생들까지도 참여했습니다. 아이들은 흥미로워했습니다. 미술실을 가득 채운 무지개색 돌들이 신비롭게 다가왔기 때문입니다. 저마다 제공받은 붓과 친환경 페인트를 앞에 두고 행복한 고민에 빠졌답니다. 과연 이 돌들에 어떤 말을 새겨 넣을까 하고 말이에요. 글을 쓰는 친구들과 또 그림을 그리는 친구 등 삼양초등학교 학생들의 개성이 마음껏 드러나는 작업이 펼쳐졌습니다. 그렇게 600여 명의 전교생들이 참여하면서 축제처럼 교문이 만들어졌습니다. 현대 미술계에서 주목하는 '참여자 설치 미술'이 학교 교문 만들기 프로젝트를 통해 실현된 것입니다.

학생들이 새겨 넣은 글들을 보면서 서로 힘을 낼 수 있었습니다. 교문에는 '방탄소년단'을 응원하는 등 학생들 저마다 소중한 꿈들을 담았습니다.

삼양초등학교의 연필 모양 교문은 아이들이 손수 색을 칠하고
바람을 적어 넣은 무지개 돌들로 채워져 있다.

최종 작업

교문 제작 하이라이트는 전교생이 만든 돌을 교문 틀 안에 차곡차곡 색깔을 맞춰 채워 넣는 과정이었습니다. 학생들은 '두근두근 개봉박두' 하면서 큰 기대를 품고 지켜보았습니다.

준공식은 학생들이 조심조심 소망을 담은 돌들을 시공 업체 기술자분들에게 전하며 시작되었습니다. 돌이 쌓이면서 그 모습을 갖춰 가자 아이들은 환하게 웃으면서 박수를 쳤습니다. 더불어 이 순간을 평생 기억하자면서 기념사진을 찍었답니다.

학생들은 자신들이 어른이 된 후에 다시 와 보자고 했습니다. 4년간의 노력 끝에 완성된 이 교문은 10년, 20년 후에 또다시 새로운 의미로 다가올 수 있겠지요. 그때 마주하면 어떤 느낌일지 기대가 됩니다.

교문 만들기 과정을 이렇게 기록하여 책으로 내는 이유는 학교 공간 혁신에 대한 구체적인 사례를 나누기 위해서입니다. 그동안 겪은 시행착오와 구성원과 전문가의 참여 과정 등은 적지 않은 시사점을 줄 수 있다는 생각입니다. 학생 참여 디자인의 의미와 더불어 실제 이를 추진하는 과정을 보여주면서 앞으로 있을 새로운 모색을 북돋우는 마중물이 되었으면 하는 바람이 크기 때문입니다.

힘들어서 포기하고 싶은 순간도 많았습니다. 하지만 지나고 보니 조금씩 새 길을 열어 온 지난날들이 자랑스럽습니다. 교문이라는 외형적 결과만이 아니라 그 과정에서 학생들과 함께 성장할 수 있었기 때문입니다.

지금 이 순간 새롭게 학교 공간을 바꿔 나가려고 하는 분들이 이 기록을 통해 영감을 받으면 좋겠습니다. 학교 공간 혁신이 발 딛고 있는 삶터의 공간을 새롭게 바꿔 나가며 학생들의 삶을 스스로 디자인할 수 있는 계기가 되었으면 좋겠습니다.

서■울■삼■양■초■등■학■교

2019년 10월 1일 발행
제 19-7 호

| 펴낸이 : | 교장 채 정 현 |
| 엮은이 : | 교사 이 선 미 |
| 행정지원사 윤 선 미 |
| 발행일 : | 2019년 10월 1일 |
| Home : | http://samyang.es.kr |

바르고
슬기로우며
튼튼한 어린이

삼양교육통신

4년여 만에 마련된 "꿈을 담은 교문"

학교 교문이 4년여 만에 드디어 그 모습을 드러냈습니다. 전교생들이 직접 디자인하고 자신들의 꿈을 새기며 교문 제작에 참여해서 이뤄낸 것입니다. 교문 아이디어는 학생들이 삼각산 자락에 위치한 우리 지역의 특징과 학생들에게 친숙한 연필 모양으로 디자인한 것입니다. 학생들은 예산 마련을 위해 교육감님께 편지를 쓰고, 이에 서울 교육감님께서도 답신과 함께 예산을 지원해주셔서 이렇게 교문이 완공될 수 있었습니다. 아이들 저마다의 꿈이 담긴 교문 안 문장들이 현실에서 이뤄지길 응원하면서 교문 완공 소식을 기쁘게 나눕니다.

교문 디자인 참여하기

교육감님에게 편지 쓰기

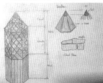
학생 디자인 선정 작품

어린이들의 꿈 새기기

꿈을 담은 교문 만들기

교문에 어린이들의 꿈 담기

꿈을 담은 교문 완성하기

교문 사업과 더불어 본교는 강북구청의 에코스쿨의 일환으로 통학로 개선사업을 실시하였습니다. 비 또는 눈이 내리는 날에도 보다 안전하고 쾌적하게 등·하교할 수 있도록 정문으로부터 운동장에 이르는 계단을 정비하였습니다. 폭과 높이가 서로 달라 오르내리기 불편했던 계단을 일정한 간격으로 다시 만들고 나무소재(데크)로 마감하여 보다 편안하게 계단을 이용할 수 있게 되었습니다. 또한 캐노피도 설치되어 눈비는 물론 뜨거운 햇살로부터 통행하는 어린이들을 보호할 수 있게 되었습니다.

뿐만 아니라 운동장 입구에는 대기정보 알려주는 미세먼지 신호등을 설치하여 학생들이 야외에서 활동할 때마다 대기정보를 확인할 수 있도록 하였습니다. 앞으로도 삼양 어린이들이 밝은 얼굴로 힘차게 등교하여 행복하고 건강하게 학교생활을 할 수 있기를 기대합니다.

통학로 데크 계단

통학로 캐노피

운동장 미세먼지 알리미

이혜원

교문 소감

오랫동안 기다리고 기다려서 드디어 교문이 완성되었다.
교문이 완성되기까지 많은 일들이 있었고 또 돌에 새기는 작업도
추가로 하게 되어서 연필에 우리의 이야기가 가득찼다. 후문으로
등교해서 완전한 교문을 보지 못했는데 이번에 한번 정문으로 등교하여
교문을 보면서 뿌듯하게 등교해볼 것이다 4년 간에 이 하나의 교문을 만들기
위하여 수많은 사람들이 노력하였다. 만약 이 연필 교문이 아닌 다른 디자
인 교문이 만들어지게 되었다면 기분이 색달랐을 것 같고 또 궁금하다.
우리가 이 학교에 다음을 때 교문이 만들어지게 되어 정말 행운인
것 같다. 교문을 생각할 때면 교문을 위해서 그림도 여러번 그리고, 신문에
관련 자료를 만들었던 기억이 새록새록 떠오른다. 그만큼 뿌듯하고 좋다.
저학년 들에 자신이 하고 싶은 말을 세계서 넓는 아이디어가 정말 기발했
던 이학교에 머무는 학생들의 흔적과 추억으로 남으며 더 좋은 것 같다
몇년동안 이학교에 어울려줄 교문이 튼튼히 잘 버텨주면 좋겠다.

교문
삼양초
교문 화이팅!

꿈을 담은 교문 신문

2019. 10. 7 (월)
김혜민

삼양초 오래되고 좋은 교문의 인해 버스가 도나들기
힘들었다. 2016년 몽동장영의 도움을 받아 새 교문을
만들게 시작한다.
학생들이 교문디자인 아이디어를 내놓음 것의 장애인 고
자세히 공개가도 했었다. 아이들은 하교가 연박귀리에서
교문에 뒤에있었다는 공간을 만들자거나 "친구야 때리며
어디야 만나서" 등 소통할수있는 거게판을 설치하자등
은 아이디어를 내놓다.

출처 : 서울신문

서울삼양 초등학교의 교문에대해

○ 4년에 걸쳐 만들어진 꿈을 담은 교문은어울과 같이 자신의 꿈을쏘고 우리하
돌이 담겨져있다.
○ 학생들이 직접 디자인하고 아이디어를낸 초초(노)의 교문이다

교문을 만든소감

○ 동소연 참 향구없는 경험을 할수있어서 좋았고, 교문이 완공되고 우리반이 참거 자기 꿈
쓰여었는걸보니 뿌듯하고 자랑스러웠다.

○ 신문에 우리 하교가 나온걸 보니 신기했다.

○ 신문안에 우리반은 꿈이 있는걸을 보고 기분이 좋았다.

교문이 다 만들어진 그날

최한

드디어, 우리 학교의 교문이 완성이 다 됐다⁉ 그 초롱 행복하고 뿌듯하고만!! 일단 우린 4년간의 노력 끝에 드디어 2019년에 완성이 되었는데, 그 ' ' 그 기분.. 아주 좋아☺ 우린 1학기 때에는 교문 디자인을 친구들과 그려보고, 디자인 돼 보였던 2학기 때에는 교문 난에 붙을 돌을 친구나, 혹은 개인이 직접 꾸며보는 시간을 가졌다. 음.. 근데 솔직히 나는 개인적으로 음.. 2학기 때에 했었던 돌 꾸미기가 더욱이 재미있었다 ☺ 원래는 〈학생들이 수련회를 다녀오기 전 부터 교문이 완성이 됐어야 하는데〉 교문의 위 부분이 조금 채워지지 않고 공간이 남아서, 수련회를 다녀오고 나서 교문이 완성 됐을 것이다. 사실 상 내가 살면서 어떻게 ' 내가 다니는 학교의 교문을 내가 직접, 학생들이 만들어 보겠어' 라고 생각했는데 정말 그 생각이 현실로 된다는게.. 진짜 신기하다 !! 그래서 그런지 더욱 우리학교의 교문이 더더 다른 학교의 교문보다도 의미있어보인다.!! 우리 학교의 ' 돌을 담은 교문'이 잘 되면 신문에도 나온다니 우리 삼양초 학생들은 진짜 ㅂ~~ㅁ사 기쁨이 몰을까.. ㅎㅎ 우리 학교의 교문이 10년, 20년 후까지 있으면 정말 그 때는 자신의 돌을 찾는 재미도 있을것 같다. 우리의 '돌을 담은 교문'이 꼭 계속

세워져 있으면 좋겠다 ♡

우리 학교의 교문

(오른쪽 그림 말풍선들)
- 건강하고 건강하게~
- 우리 꿈 열려라!
- 삼양초 파이팅
- 이 안에 꼭 건강하게 자라요♡
- ... 등등

- 삼양초 학생들이 한 작품들 -

3

일상에서 시작하는
민주 시민 교육

인터뷰 | 배성호, 김소원

삶터에서 시작하는 공간 주권

김소원: 안녕하세요? 선생님이 학생들과 함께 교문을 디자인한다는 이야기를 듣고 교문이 언제 만들어지나 관심 있게 지켜 보고 있었습니다. 드디어 교문이 완성되었군요. 선생님은 공간 주권에 관심이 많으시지요?

배성호: 네, 저는 이전부터 이 부분에 관심이 있었습니다. 교문 만들기 프로젝트의 모든 과정이 그렇습니다. 아이들이 기획해서 마무리까지 같이했습니다. 예산도 아이들이 확보했어요. 저는 일상을 다시 보는 게 민주 시민 교육의 핵심이라고 생각해요. 자기가 발 딛고 있는 삶터에서 시작해야 한다고 믿고 있습니다.

김소원: 현실적으로 아이들이 직접 참여하기는 어렵지 않나요?

배성호: 그런데 생각을 바꾸어 보면 꼭 그렇지도 않거든요. 아마 그런 시도를 하지 않은 데는 많은 예산이 들어가고 또 아이들이 하기에 너무 규모가 큰 일이 아닌가 하는 선입견이 있었기 때문이 아닌가 싶어요.

김소원: 그래서 일단 아이들을 주체로 하는 작업을 해 보고 싶었다는 말씀이시군요.

배성호: 네, 그렇습니다. 아이들 손으로 만든다고 말씀은 드렸는데 그것은 의사 결정에 있어서 주체라는 뜻입니다. 아이들이 직접 공사에 참여할 수는 없는 일이에요. 당연히 전문가와의 협업이 이루어졌습니다.

김소원: 그럼 교문 만들기에 대해 이야기를 나누어 볼까요? 처음 이 프로젝트에 관심을 갖게 된 배경이 있으신지요?

배성호: 앞서 말씀드렸듯이 저는 공간 주권에 관심이 많았습니다. 그런데 학교 공간을 다루는 데 있어 사실상 학교의 주체인 아이들이 빠져 있다는 생각이 들었어요. 교사 생활을 하면서 아이들 입장에서 보게 된 것 같아요.

김소원: 박물관에 어린이 휴게실을 만들기도 하셨다고 들었습니다.

배성호: 네, 제가 서울당산초등학교와 서울수송초등학교에 근무할 때입니다. 국립중앙박물관은 우리나라를 대표하는 박물관이잖아요. 그래서 전국의 거의 모든 학교에서 체험 학습을 이곳에서 해요. 그런데 보니까 아이들이 도시락 먹을 곳이 마땅치가 않은 거예요. 비가 오거나 미세 먼지가 심한 날도 야외에서 먹어야 했어요.

김소원: 식당에서 사 먹지 않고 도시락을 먹나요?

배성호: 네, 대부분 초등학생과 유치원생들은 체험 학습 때 도시락을 먹거든요. 그런데 박물관 안에서는 가져온 음식을 먹을 수 없었어요. 박물관 측에서 정책적으로 신경을 써야 할 부분인데요. 외부 음식물 반입이 안 됩니다. 한번은 견학 온 유치원 아이들이 도시락을 차 안에서 먹더라고요. 그 모습이 너무 안쓰러웠어요. 그때가 11월쯤 돼서 날도 춥고 그랬거든요. 저희 반 아이들도 그런 일이 있었습니다. 비가 오는 날 건물 바닥에 앉아서 식사를 해결했습니다. 그럴 때마다 왜 아이들이 따뜻한 실내에서 도시락을 먹을 수 없는지 이해가 되지 않았습니다. 과천국립과학관을 비롯해서 많은 경우 식당에서 도시락을 먹을 수 있게 하거든요. 그래서 아이들이랑 편지를 썼어요. 식당에서 도시락을 먹을

수 있게 해 주거나, 최소한 그럴 수 있는 공간이라도 만들어 달라고요.

김소원: 정말 실내에서 아이들이 식사할 곳이 식당 외에는 없나요?

배성호: 네, 그렇습니다. 제가 현장 조사도 했어요. 그때 국립중앙박물관 교육 자문위원이기도 했거든요. 비가 오는 날이면 전시장 주변 바닥에서 1000여 명 정도가 도시락을 먹어요. 그 모습을 보고 깜짝 놀랐습니다. 말이 안 되는 거잖아요. 난민촌도 아니고. 아이들이야 웃으면서 재미있어하기도 했지만 보는 어른으로서는 참으로 부끄러웠습니다. 그런데 그때 사회와 국어 교과 과정에 사회의 잘못된 점을 지적하고 수정을 제안하는 글쓰기 수업이 있었어요. 공공 기관에 편지를 쓰면 민원으로 접수되어 2주 이내에 답신을 해야 합니다. 박물관도 공공 기관이잖아요. 그래서 아이들과 편지를 썼죠.

김소원: 아이들 개인 이름으로 편지를 썼나요?

배성호: 네, 그렇습니다. 각자 쓴 편지를 모아서 제가 대표로 전달했죠. 우체국에 가서 등기로 보냈습니다. 회신이 오더군요. 보니까 박물관 사정이 어렵대요. 당장은 해결이 어렵답니다. 그러면서 어린이 여러분 파이팅, 뭐 이런 식으로 끝나요. 그 답장을 받고 어떻게 아이들에게 설명

해야 하나 고민스러웠습니다.

김소원: 아이마다 반응이 다를 것 같은데요.

배성호: 그렇죠. 실제로 그랬습니다. 어떤 친구들은 답장을 준 것만으로도 고마워했고요. 어떤 친구는 못 해 준다는 말을 구구절절하게 쓴 거라는 반응이었습니다. 한 친구는 부모와 함께 강하게 요구하겠다며 의욕을 보이기도 했습니다.

김소원: 선생님께서는 어느 쪽이셨나요?

배성호: 예전 같으면 대부분 어렵다고 생각했을 거예요. 보통은 이런다고 세상이 바뀌겠느냐, 그 시간에 공부나 하라고 했을지도 모릅니다. 그러니 저로서도 쉽게 희망적인 말을 할 수 없었겠지요. 그러나 아이들이 스스로 적극적으로 나서는 모습을 보니 저도 용기가 났습니다. 실망한 친구들에게 내가 교직에 있는 한 계속 편지를 쓰겠다고 말했습니다. 이후로 5년 동안 계속 편지를 썼어요. 한 번에 이루어지는 일은 없잖아요.

김소원: 5년 동안 계속 편지를 썼다고요?

배성호: 네, 아이들과 함께 편지를 썼습니다. 중간에 학교를 옮겼지만 계속했어요. 그럴 수 있었던 게 거기서도 국립중앙박물관으로 체험 학습을 갔거든요. 박물관 교육 학예사들과도 덕분에 공감대를 만들어 갈 수 있었어요. 이분들도 문제의 심각성을 알고 있었어요. 박물관을 체험하고 배우러 온 아이들이 바닥에서 밥을 먹는 건 말이 안 되잖아요. 그래서 나중에는 교육 학예사분들이 저를 직접 박물관 교육 심포지엄에 초청했습니다. 현장 교사 입장에서 본 박물관 체험 학습의 문제점에 대한 발표를 하게 되었습니다. 발표 때 이 문제를 이야기했더니 많은 분들께서 공감해 주셨습니다. 그러면서 몇 년 동안 계속 편지를 쓸 줄은 몰랐다고 해요.

김소원: 보통은 지쳐서 그만두잖아요.

배성호: 그렇죠. 게다가 학예사분들이 말씀하시기를 편지가 책임자에게 직접 가지 않는다는 거예요. 그러니 아무리 편지를 써도 효과가 없을 수밖에 없죠. 그래서 그분이 차라리 언론에 알리라고 해요. 신문에 기사가 나면 책임자가 바로 읽을 수 있다는 거죠. 그래서 저희가 편지를 언론사에도 보냅니다.

김소원: 그래서 기사가 실렸나요?

배성호: 〈경향신문〉에서 취재를 하시겠다고 고맙게도 연락을 주셨어요. 기사가 나오니까 이틀 후에 바로 국립중앙박물관 관장님 답신이 옵니다. 언론의 힘이 세다는 걸 그때 느꼈어요.

김소원: 수송초등학교 계실 때 이야기지요?

배성호: 네. 관장님 말씀이 저간의 사정을 잘 몰랐다. 이제 전달받고 사정을 파악할 수 있었다며 사과하시더군요. 당장 문제를 개선하겠다고 약속했습니다. 그런 과정을 거쳐 아이들이 편하게 도시락을 먹을 수 있는 휴식 공간이 생겼어요. 저는 이 경험을 통해 당사자의 목소리가 정말 중요하다는 걸 느꼈어요. 누가 그 불편함을 감수하느냐, 바로 아이들이잖아요. 어른들은 잘 모릅니다. 저 역시 아이들과 함께했기에 공감할 수 있었고요.

그때 아이들이 현실의 문제를 더 잘 깨닫기 위해 실제로 비가 오는 날 그곳에 갔어요. 미리 일기 예보를 확인해서 도시락을 싸들고 체험학습을 갔답니다. 그리고 식당에서 쫓겨나지요. 그 과정을 부모님과 다 함께 겪은 거예요. 바닥이나 계단에서 도시락을 먹는 장면을 사진으로 찍어서 편지에 같이 보냈습니다. 그 친구들이 지금은 어느새 대학생이 됐어요.

김소원: 선생님이 시키신 건가요?

배성호: 아니요, 아이들이 자발적으로 그렇게 했어요.

김소원: 정말 대단하네요.

배성호: 그렇죠. 아이들도 직접 체험해 보아야 한다는 사실을 아는 거예요. 제가 일부러 비 오는 날만 골라서 아이들과 체험 학습을 갈 수는 없잖아요. 그래서 실제로 문제의식이 없는 친구들도 많았어요. 그러다가 몇몇 주도적인 친구들로 인해 알게 된 거지요. 더욱 고무적인 것은 이 일이 있고 다음 해에 이 내용이 초등학교 6학년 사회 교과서에 수록되었다는 사실이에요. 민주주의 단원에서 다루었습니다. 우리 헌법은 시민에게 청원권을 보장하잖아요. 그 사례를 주로 외국에서 찾다가 우리 이야기를 다루게 된 거예요. 일상에서 우리가 스스로 문제를 바꾸어 나갈 수 있다는 좋은 예가 된 겁니다. 나중에는 책으로 내기도 했습니다. 『우리가 박물관을 바꿨어요!』라는 제목으로 출간됩니다.

김소원: 함께 작업하신 건가요?

배성호: 네, 그렇습니다. 당시 편지 쓰기 등을 주도한 친구들과 함께 기

초등학교 6학년 2학기 사회 교과서, 2015년 8월 15일 초판.

획했어요. 2016년에 출간되었는데 그때는 아이들이 중학교 3학년이될 때였습니다. 굳이 책으로 낸 이유는 좀 더 많은 사람들과 당시의 경험을 나누고 싶었기 때문입니다. 세상을 바꾸는 일이 특별한 몇몇 사람들만 할 수 있는 게 아니다, 우리 같은 평범한 사람들도 할 수 있다는걸 보여주고 싶었습니다.

꿈을 담은 교문

김소원: 그 학생들을 지금도 계속 만나시나요?

배성호: 한동안 만나다가 아이들도 크고 해서 요즘은 자주 못 만나고 있습니다.

김소원: 그래도 함께했던 시간들이 무척 뿌듯하시겠어요.

배성호: 물론입니다. 더욱 감동적인 것은 그렇게 성장한 아이들이 지금은 성인이 되었다는 거예요. 대학생이 된 제자들이 지금도 그때 이야기를 해요. 인생의 큰 전환점이 되었다고 합니다. 저도 마찬가지고요.

김소원: 구체적으로 어떤 게 있을까요?

배성호: 학생들이 일방적으로 가르침을 받는 '대상'이 아니라는 겁니다. 스스로 바꿔 나갈 수 있는 엄연한 주체라는 것을 보여주었습니다. 교사는 이를 돕는 사람일 뿐이에요. 디딤돌이지 주연이 아닙니다. 그런데 보통은 교사가 연출과 각본을 다 하는 줄 알고 있지요. 그렇지 않습니다. 어른은 아이들이 문제를 푸는 데 마중물 역할을 할 뿐입니다. 이런 문제가 있는데 어떻게 할까, 하고 방법을 찾도록 도와주는 거예요. 제 경우는 책을 많이 추천했습니다. 아이들 스스로 문제를 바꾸어 나간

사례들을 소개했어요. 해외 사례가 대부분이었지만 아이들은 쉽게 공감할 수 있었습니다.

김소원: 교문 만들기도 그러한 사례라고 할 수 있겠지요?

배성호: 물론 그렇습니다. 그전에도 비슷한 사례가 있었어요. 제 경우는 서울당산초등학교 시절에 학생들과 직접 자전거 길을 만들기도 했습니다.『우리가 박물관을 바꿨어요!』라는 책에 일부 소개되어 있어요.

우리가 환경을 보호하려고 자전거 타기를 권장하잖아요. 교과서에서도 그렇게 실려 있고요. 그런데 현실에서는 실천이 잘 안 될 때가 있습니다. 일례로 당시 학교에서는 자전거 통학을 금지했어요. 사고 발생 위험 때문이긴 합니다만, 어쨌든 아이들 입장에서 볼 때는 모순인 거예요. 아니나 다를까 한 친구가 문제 제기를 했습니다. "선생님, 학교에서는 자전거 타기를 생활화하라고 배우는데 왜 자전거 타고 학교 못오게 해요?" 이런 질문을 받으니 교사로서 난감했습니다.

김소원: 불가피한 측면도 있지 않나요? 환경 보호와 안전이라는 두 가지 가치 중 어디에 우선을 두어야 하느냐는 문제도 있고요.

배성호: 그렇죠. 그래서 토론을 통해 대안을 생각해 보았습니다. 당시

서울당산초등학교 주변에 자전거 도로들이 있었어요. 그 도로를 학교 앞까지 연결하면 되거든요. 그러면 안전사고의 위험이 훨씬 줄어듭니다. 그래서 서울시장님께 편지를 쓰기로 했습니다. 결과는 대성공이었고요. 돌이켜 보면 그때가 아이들과 함께한 사회 참여 수업의 첫 시작이었습니다.

김소원: 교육의 일환으로 생각하셨던 걸까요, 아니면 처음부터 불합리한 점을 개선해야겠다는 의지가 있었던 걸까요?

배성호: 어떤 게 먼저라고 딱 꼬집어서 말하기는 어렵습니다. 교육과 현실을 따로 떼어서 생각할 수가 없으니까요. 제가 존경하는 분 중에 하이타니 겐지로라고 교사이자 작가인 분이 있습니다. 이분 말씀이 오히려 배워야 할 사람은 아이들이 아니라 어른이다, 라고 하거든요. 그런 영향을 받기도 했고요. 제가 학생일 때의 경험도 있습니다. 1989년도에 제가 중학생이었는데, 당시 전교조 선생님들이 해직을 많이 당하셨어요. 제가 존경하고 따르던 분들도 계셨습니다. 세상을 다양한 시각으로 보아야 한다는 말씀과 따뜻하게 저희를 이끌어 주시던 성품이 지금의 저에게 큰 힘이 되고 있습니다. 그분들이 가르쳐 주신 것이 그리 특별한 게 아니에요. 그럼에도 세상을 보는 눈을 바꾸어 주셨지요. 그래서 교사가 된 후 저도 아이들과 함께 활동을 많이 하고 싶었습니다.

교육의 주체는 바로 아이들이니까요. 그 과정에서 어려움도 있었습니다. 학교도 엄연한 조직 사회니까요. 주변의 만류도 있었습니다.

김소원: 그랬을 것 같아요. 어디든 자꾸 일이 커지는 걸 원하지 않잖아요.

배성호: 예, 그래서 여론을 일으키고자 언론사에 여러 번 취재 요청도 했어요.

김소원: 보통 선생님들은 언론과의 접촉을 꺼리는데, 무척 적극적이었네요.

배성호: 그럴 수밖에 없는 게 교사로서 부끄럽지 않아야 한다고 생각했어요. 어쨌든 제가 아이들과 약속을 했으니까요. 우리가 세상을 바꾸자, 작은 것부터 우리 스스로 해 나가자고 해 놓고서는 현실적으로 어렵다고 뒷짐만 지고 있을 수는 없었습니다.

　실패하더라도 할 수 있는 건 다 해 보고 싶었습니다. 언론사도 그중 한 방법이었고요. 시민 단체에도 연락했습니다. 자전거 도로를 만들 때는 '자전거21'이라는 단체의 협력을 얻었어요. 당시 사무총장님이 저희 사정을 듣더니 한번 만나서 이야기하자고 했어요. 사정을 들은 그분이 직접 학교를 찾아와 수업도 해 주셨어요. 아무래도 아이들 안전이 우선이니까, 자전거 도로를 만들었을 때의 위험성도 살피고 현장 답사도 했습니다. 저는 항상 이런 과정이 중요하다고 강조합니다.

우리가 일을 하다 보면 드러나는 결과에 몰두하잖아요. 하지만 좋은 결과를 얻으려면 과정을 간과해서는 안 됩니다. 과정은 결코 결과를 위한 수단이 아니에요. 그 자체로 중요한 목적입니다. 그래서 천천히 전문가들과 상의하면서 진행했어요. 약간의 운도 있었습니다. 당시 서울시장이 디자인에 관심이 많았거든요. 연락했더니 오히려 먼저 언론사도 부르고 하면서 지원을 해 주었습니다.

나는 왜 교사가 되었나

김소원: 네 그럼 잠시 주제를 바꾸어서 선생님이 이런 일을 하시게 된 배경에 대해 묻도록 하겠습니다. 오래전부터 교육에 뜻이 있었나요?

배성호: 네, 그래서 교육 대학에 진학했고요. 다만, 졸업하는 데 남들보다 오래 걸렸습니다. 중간에 휴학 기간도 있고 자발적으로 학교를 다니지 않기도 했고요.

김소원: 그럼 어떤 계기로 교직을 선택하게 되었나요?

배성호: 진로를 두고 고민을 많이 했습니다. 한의사가 되려고 했다가 또 고시를 준비하기도 했지요. 그러다가 결국 교사의 길을 택하게 되

었습니다. 20대 중반인 거 같은데, 제대하고 나서 '나 같은 사람이 진짜 선생님이 될 수 있을까?' 하는 마음에 한번 직접 아이들을 가르쳐 보기로 했습니다. 아니다 싶으면 다른 길을 알아보려고 했어요. 학교 근처에 있는 보육원에서 한 학기 동안 교사 생활을 하면서 도전해 보았습니다.

김소원: 개인적으로 가신 거예요?

배성호: 보육원 교육 동아리에 가입하면서 시작했습니다. 동아리에는 대학생, 직장인 등 구성원이 다양했습니다. 제가 가입하니까 이분들이 너무 좋아해요. 적임자가 왔다고 생각한 모양이에요. 졸지에 교육팀장으로 일하면서 당시에 아이들 두 명을 맡았어요. 열심히 한다고 했는데 성과는 그리 좋지 않았어요. 교육 환경도 안 좋은 데다 도서실에 한 번 안 가 본 친구들이었어요. 6개월을 구구단을 가르치는데 못 외우는 거예요. 너무 속상하잖아요. 그래서 저는 정말 가르치는 데 소질이 없나 보다 싶었는데, 알고 보니까 아이들이 이미 구구단을 다 알고 있었던 거예요.

김소원: 선생님을 시험한 거예요?

배성호: 아이들이 고마우면서도 마음 아팠던 게, 당시 저 같은 사람들이 많이 찾아와 봉사 활동을 하였는데 그러다 정들만 하면 그만두고 가는 거예요.

김소원: 아, 그러니까. 구구단을 다 외우면 선생님과 이별할까 봐 그랬군요.

배성호: 네, 빨리 외워서 헤어지는 것보다 꾸중도 듣고 하면서 계속 같이 있고 싶었던 거예요. 그 사실을 알고 나니 황당하잖아요. 아이들에게 구구단 가르치려고 별의별 방법을 다 썼어요. 나중에 한 아이가 "그러면 형 안 올 거 같아"라고 하는데 가슴이 찡하더라고요. 그래서 제가 대학을 졸업하고도 한동안 계속 보육원에서 봉사 활동을 했어요.

김소원: 교사의 역할에 대해 많은 생각이 드셨을 것 같아요.

배성호: 그렇죠. 선생님이라고는 하지만 우리가 뭘 도운 게 아니라 배우고 오더라고요. 그 속에서 제가 오히려 치유를 받았죠, 그 친구들 덕분에. 저는 교육 대학이라는 울타리가 많이 답답했습니다. 그러다가 학교 밖의 사람들과 교류하다 보니 신이 나더군요. 함께했던 다양한 직종의 사람들을 보면서 저들은 왜 열심일까? 하고 생각했습니다. 그

렇게 3년 정도 하다 보니까 가르친다는 일에 대해 어렴풋이 알 거 같더라고요.

김소원: 꽤 오래 하셨네요.

배성호: 그렇죠. 그래서 결심이 서긴 했는데, 막상 저 자신이 너무 준비가 안 되어 있는 거예요. 그래서 그때부터 공부도 하고 준비를 했습니다.

김소원: 그러면 본격적으로 교사 생활을 하신 게 언제인가요?

배성호: 제가 스물아홉 살 때입니다. 다른 친구들에 비해 조금 늦었지요. 그래도 그 시간들이 지금 돌아보면 참 소중합니다.

김소원: 후회한 적은 없나요?

배성호: 애초에 시작할 때 마음을 단단히 먹었어요. 고시 공부하면서 보았던 책들을 다 드럼통에다 넣고 태웠습니다. 길이 정해진 마당에 미련은 필요가 없으니까요.

김소원: 영화의 한 장면인데요. (웃음)

배성호: 네. 덕분에 학교생활도 열심히 할 수 있었던 것 같아요. 저희 학교는 계절 학기가 없었어요. 그래서 학점이 부족하면 1년을 더 다녀야 했습니다. 안 되겠다 싶어서 계절 학기제를 만들어 달라고 학교에 요구했어요. 친구들과 함께 여론을 만들고 참여연대에 가서 정보 공개 청구하는 법을 배워서 학교에 문제 제기를 했습니다.

김소원: 그래서 계절 학기가 생겼어요?

배성호: 그러진 못했습니다. 하지만 그 과정에서 사회 참여라든가 현실을 바꾸어 나가는 방법들에 대해 눈을 뜨게 되었어요.

김소원: 사람들이 생각은 있어도 귀찮아서 혹은 현실의 벽에 부딪혀서 그만두는 일이 많잖아요. 그런데 선생님 학생 때 이야기를 들으니까 이미 그때부터 현실 참여에 적극적이었던 것 같네요.

배성호: 그 부분을 크게 의식하지는 않았지만 결과적으로 그런 것 같습니다. 그렇게 대학을 졸업하고 일선 학교에 와 보니 도전해야 할 일이 많더라고요. 무언가를 요구했을 때 제대로 된 답을 얻지 못한 적도 많고요. 하지만 절망하지는 않았습니다. 학교에는 저뿐만이 아니라 저를 믿고 의지하는 아이들도 있었으니까요.

김소원: 외려 아이들이 선생님을 밀어주는군요.

배성호: 그런 셈이죠. 저도 지지받고 또 역으로 저도 아이들을 지원해요. 계속 도전해 보라고, 하고 나서 후회하는 게 낫다고 말합니다. 제가 교사가 되고 나서 '역사와 사회를 연구하는 초등교사 모임(역사초모)'에 가입했어요. 교사 모임인데 거기에 들어간 것도 참 잘한 것 같아요. 2주에 한 번씩 모여 공부하면서 선배 선생님들로부터 많은 점을 배웠습니다. 처음 '새내기'일 때는 학교에 적응하는 것도 중요하지만 새롭게 도전해 보는 것도 의미있다는 말씀을 많이 들었고요. 제 마음이 끌리는 곳이 어디인지 생각해 보도록 조언을 해 주었어요.

"배 선생 마음이 가는 대로 도전해 보면 좋겠어. 단, 감당할 수 있는 선까지만 해." 이런 식으로요.

김소원: 그렇군요. 그렇다면 선생님께서는 아이들에게 어떤 식으로 지지해 주셨는지 궁금해요.

배성호: 긍정적인 생각을 심어 주기 위해 노력했습니다. 예를 들어 앞서 박물관 관계자로부터 도와주지 못한다는 내용의 편지가 왔잖아요. 그랬을 때 어떤 아이는 실망하고 절망해요. 하지만 어떤 아이는 답장을 받았다는 사실에 큰 성취감을 느낍니다. 똑같은 내용인데 반응이 다른

거예요. 부정적으로 생각하는 아이들에게는 한 번 더 해 보자고 용기를 주고 긍정적으로 생각하는 아이에게는 그 에너지를 발판 삼아 더 큰 일을 성취할 수 있도록 지지해 주었습니다. 여기서 주의할 게 있습니다. 막연하게 긍정만 하는 건 오히려 역효과를 줘요. 아이들 사정을 잘 알아야 합니다. 어떤 아이가 어떤 반응을 보였을 때 왜 그런지 그 배경을 살펴봐야 해요.

제가 아이들을 만나면서 배운 게 저마다 사정이 있다는 것입니다. 한 아이가 어떤 행동을 했을 때 그 원인을 알려면 그렇게 되기까지의 과정을 추적해 보아야 합니다. 그리고 내린 결론이 아이들은 다 다르다는 것이었습니다. 한 발자국 떨어져서 보면 아이들이 왜 그렇게 할 수밖에 없는지 이해가 돼요. 그래서 저는 사회 참여 교육을 하면서도 아이들에게 질문을 많이 했습니다. 네 생각이 어떤지, 왜 그런지.

김소원: 그러면 아이들이 어떤 반응을 보이나요?

배성호: 자기 생각을 말로 잘 표현하는 아이들도 있지만 그렇지 못한 아이들도 많아요. 솔직히 자기도 잘 모르겠는 거예요. 그럴 때는 함께 생각을 정리해 나갑니다. 일종의 '생각 찾기'죠. 사실 어른도 마찬가지 잖아요. 자기 생각과 느낌을 표현하는 데 미숙한 분들이 많지요. 그래서 제가 아까 말씀드렸듯이 어떤 일을 할 때는 과정이 중요하다는 것

이에요. 서로의 생각을 나누는 일은 그 자체로 매우 소중한 경험이 됩니다.

　제가 아이들의 생각을 칠판에 하나씩 적고 함께 이야기를 나눈 것도 그런 이유에서예요. 단순히 긍정적인 생각, 부정적인 생각으로 나누는 게 아니라 왜 그런 생각을 했는지, 서로 묻고 또 함께 고민하는 거예요. 하나의 답을 내는 게 아니라, 그 과정에서 서로를 이해하는 겁니다. 제가 그 점을 아이들에게 강조했어요. 그러지 않으면 선생님 위주로 토론이 흘러갈 수밖에 없습니다.

김소원: 쉬운 과정은 아닐 텐데요.

배성호: 그렇죠. 답이 정해진 게 아니니까요.

김소원: 저 같으면 그냥 용기를 내자, 답장을 못 받아도 계속해 보자, 그렇게 할 거 같아요. 부정적인 반응을 굳이 이야기한다는 게 시간도 걸리고 전체 분위기도 나빠질 수 있으니까요.

배성호: 그렇습니다. 하지만 선생님이 앞에서 지도하는 것보다는 그런 과정을 거쳐 뜻을 모아 가는 게 더욱 중요하다고 봐요.

김소원: 그게 바로 민주주의의 과정이기도 하고요.

배성호: 네, 사실 저희 세대는 그런 거에 익숙하지가 않잖아요. 시키는 일을 하는 데 익숙하지만 옳고 그름을 판단하는 데는 서투릅니다. 질문을 던지는 방법도 몰라요. 학교에서 배운 적이 없거든요. 민주주의를 알려면 토론을 배워야 해요. 그리고 토론을 통해 무언가를 결정하려면 비판 의식이 있어야 합니다. 자기 의견이 없는 토론이 무슨 의미가 있겠어요.

　　앞서 잠깐 말씀드렸지만 제가 중학교 때 존경했던 선생님들로부터 배운 점도 바로 그거예요. 자기 눈으로 세상 보는 법을 가르쳐 주셨거든요. 교사 생활을 하면서 항상 느끼는 게, 아이들에게는 그런 능력이 있다는 거예요. 그걸 억압하지 않고 싹 틔울 수 있도록 돕는 게 바로 저희 같은 교사들이 할 일이지요.

김소원: 제가 알기로 많은 선생님들이 처음에는 그런 생각을 갖고 교직에 들어오세요. 하지만 막상 시간이 지나면 좋은 게 좋은 거라고 제도권 교육에 안주하는 측면이 있는 듯합니다.

배성호: 초심을 지켜야지요. 성찰과 각성이 교육자로서는 참 중요한 듯싶습니다. 제 경우는 아이를 키우고 있어서 부모 입장에서 학교 현장을

다시 살펴보고 있답니다. 교사 생활을 오래 하다 보면 매너리즘에 빠질 수 있잖아요. 그럴 때 부모 입장에서, 아이 입장에서 자신을 돌아볼 수 있었습니다. 그리고 지금 아이들이 어떤 생각을 하고 있는지 잘 관찰하고 있어요. 제가 자랄 때와는 크게 다르잖아요. 아이들을 이해하지 못하면 가르치기도 힘듭니다. 저는 지금도 영화관에 가면 언제 아이들이 웃는지를 살펴봐요. 어른들과 웃는 지점이 달라요. 둘째 아이를 보면서 얘는 왜 저때 웃었을까? 생각하다 보면 어떤 느낌인지, 어떤 생각을 하는지 짐작이 갑니다. 그런 식으로 아이들을 이해하는 눈을 가지는 게 중요한 거 같아요.

김소원: 그런데 요즘 아이들은 예전과 많이 다른가요?

배성호: 물론 같은 점도 있지요. 하지만 정서는 많이 달라요. 심지어 같은 초등학생들도 저학년과 고학년이 차이가 있습니다. 이런 미묘한 지점들을 알고 있어야 아이들과 교감할 수 있어요. 교사는 보통 어른들보다 아이들을 더 잘 이해하고 있어야 하잖아요. 물론 쉬운 일은 아닙니다. 교사가 가르치는 일만 하는 게 아니니까요. 학교에서는 관리자 역할도 같이 해요. 그래서 정서적 민감성을 높이기에 어려움이 있습니다. 하지만 노력해야죠.

김소원: **훌륭한** 교사시네요.

배성호: 그건 아니고요. 단지 교사로서 노력이 중요하다는 말씀을 드리고 싶은 겁니다.

교문 만들기 프로젝트

김소원: 자, 그럼 다시 교문 만들기 이야기를 본격적으로 해 보겠습니다. 선생님이 삼양초등학교에 부임한 지 얼마나 되셨나요?

배성호: 올해로 5년 차입니다. 2015년에 왔어요.

김소원: 그러면 부임하고 얼마 안 있어 교문 만들기 프로젝트에 참여하신 거네요?

배성호: 네. 그렇습니다. 늘 그렇듯이 삼양초등학교에 오고 사랑스러운 아이들을 만났을 때 무척 기뻤어요. 그런데 늘 마음에 걸리는 게 있었습니다. 바로 교문이었어요. 삼양초등학교는 언덕에 자리하고 있어요.

그래서 아이들이 체험 학습을 가려면 출발할 때부터 고생을 합니다. 교문이 작아서 관광버스가 못 들어와요. 그래서 아이들이 끙끙대면서 짐을 들고 버스가 있는 곳까지 가야 해요. 어른인 저도 힘들었는데 아이들은 오죽했겠어요.

그 모습을 보면서 1년이 지나갔지요. 그러다 동문회에서 교문을 지어 주겠다는 제안이 들어와요. 교장 선생님께서 제게 의논을 하시더라고요. 이야기하다 보니까 재미있어 보이더군요. 제가 한번 해보겠다고 말씀드렸습니다. 나름대로 믿는 구석이 있었어요. 제가 그전부터 서울시립대학교 도시공학과 정석 교수님을 알고 있었거든요. 이분과 상의하면 되겠다고 생각했습니다. 그분과의 인연이 어떻게 생겼는지 잠깐 말씀드릴게요.

제가 초등학교 사회 교과서 도시 단원을 집필할 때였습니다. 전공이 아니다 보니 어떻게 써야 할지 막막했어요. 그때 정석 교수님 책을 알게 됐습니다. 읽고 나서 메일을 보냈어요. 사정을 말씀드리고 교과서 집필 때문에 그러는데 찾아뵙고 도움을 받을 수 있겠느냐고요.

답신이 올까 반신반의했는데 고맙게도 만나자는 답신이 와요. 그때 교수님께서 자료도 많이 주시고 도움 말씀도 주셨습니다. 더욱 감사한 것은 제가 가르치는 초등학생들과 대학생들이 함께하는 합동 수업을 제안하셨어요. 이른바 '초딩과 대딩의 만남'입니다. 교수님은 도시공학과 새내기들 수업을 하고 있었습니다. 이분 말씀이 도시에는 어른들만 사는 게 아니다, 어린이에게도 배워야 할 게 있다는 거예요.

저희는 저희대로 당면한 문제가 있었습니다. 일단 교문을 어떻게 지을 거냐는 것도 있었고, 주변 경전철 공사와 학교 안전 문제 등에 대해 아이들과 이야기하고 있었지요. 그래서 이 부분들을 공동 수업에서 다루어 보면 좋겠다 싶었습니다.

아이들이 위의 문제에 대해 발표를 하고 대학생들이 모둠별로 문제 해결 방안을 찾는 식으로 진행되었어요. 거기서 나온 내용은 디자인어스라는 도시공학과 연구 동아리에 제공했습니다. 그러면서 자연스레 아이들과 대학생들 간 교류가 이어졌어요.

김소원: 교문 만들기 프로젝트와 관련한 내용도 그때 이미 다루어졌다는 말씀이시죠?

배성호: 네, 그렇습니다. 앞서 말씀드렸다시피 교문 만들기 프로젝트를 제가 주도하게 되었잖아요. 어떻게 할까 고민하다가 공모전을 하기로 했어요. 상금으로 문화 상품권을 걸었지요. 그랬더니 100여 편 정도의 아이디어가 모였어요. 디자인어스 친구들이 그림만 그리지 말고 교문에 필요한 요소가 뭔지 글도 쓰게 하자고 해서 그렇게 했습니다.

공모전이 아주 좋았던 게 아이들이 학교에 대해 조사해요. 우리 학교 교화가 뭐지? 교가 가사 내용이 뭐지? 하면서요. 문의 종류도 알아보고 교문에 적용할 기능을 고민합니다. 특히 교가를 분석해서 교문 디자인에 적용하자는 아이디어에 깜짝 놀랐어요. 전국 대부분 학교 교가에는 해당 지역의 명소가 등장합니다. 무슨 산, 무슨 강의 정기를 받잖아요. 당시 제가 재직하던 학교는 '삼각산의 정기'를 받습니다. 여기에 착안한 아이들이 서울 시내 교가 400여 개를 모아서 분석해요. 한겨레신문에도 기사가 났는데요, 조사해 보니까 가장 많이 등장하는 지명 1위가 한강입니다. 그 뒤로 북한산, 남산, 이런 식으로 이어져요. 그러면서 자연스레 지역의 자연환경을 이해하게 됩니다.

공모에 나온 아이디어는 디자이너스와 함께 심사했습니다. 고맙게도 이분들이 중요한 디자인 요소를 찾아 주었어요.

김소원: 아이들이 직접 그림을 그리고 글을 써서 100여 개의 아이디어를 냈다는 건가요?

배성호: 네, 그렇습니다. 전교생이 600명쯤 되었는데 굉장히 참여도가 높았죠.

김소원: 심사는 디자이너스와 같이 하고요.

배성호: 네, 사실 제가 디자인에는 문외한이니까요. 심사의 원칙을 정

했는데 1등 작품 하나만 설계에 반영하지 않겠다는 것이었습니다. 아이들이라고 무시해서가 아니라 교문에 전교생의 마음을 담아야 한다고 생각했기 때문이에요. 그래서 제가 그러면 우리가 당선작 하나만 발표하고 말 게 아니라 그 과정을 아이들과 함께 해 나가자고 했습니다. 좋은 아이디어들을 공유하자는 거예요. 예를 들어 교문 주변에 의자가 있었으면 좋겠다거나 좋은 향기가 났으면 한다거나 하는 내용 등은 꼭 당선작이 되지 않더라도 아이디어 차원에서 아이들과 함께 이야기해 볼 만하잖아요.

그렇게 해서 여러 작품을 선정했습니다. 학교 방송 조회 시간에 직접 소개하는 시간을 가졌어요. 점심시간에 아이들이 직접 보고 판단할 수 있도록 식당에 스티커 판을 만들어 인기투표를 했습니다. 이렇게 했던 이유는 학생들의 참여도 중요하기 때문이었어요.

학교의 다른 구성원들과도 소통했습니다. 매달 발행하는 〈삼양교육통신〉에도 공고를 냈고요. 앞서 말씀드린 선정 과정도 알렸습니다. 이후에는 워크숍을 진행했는데 그 내용 역시 계속해서 공지했고요.

김소원: 워크숍은 프로젝트를 주도한 6학년 5반 학생들을 대상으로 한 거죠?

배성호: 네, 그렇습니다. 그 친구들이 일을 많이 했어요.

김소원: 공모 결과는 어떻게 나왔나요?

배성호: 최우수상은 교가에 나오는 삼각산과 삼양초등학교의 '양'에 해당하는 태양을 더한 디자인이 받았습니다.

김소원: 심사할 때 지역의 상징을 많이 고려했군요?

배성호: 그렇습니다. 교문은 말 그대로 학교를 상징하는 조형물이니까요.

김소원: 다른 작품들은 어땠나요?

배성호: 아주 재미있는 아이디어가 많았습니다. 예를 들면, 우리가 보통 생각하는 교문의 형태에서 벗어나서 스마일 모양으로 구성한 작품도 있었어요. 즐거운 마음으로 학교에 가고 싶은 아이들의 마음이 반영된 거예요.

김소원: 그런 공모 작품들을 두고 투표에 들어갔군요?

배성호: 그렇습니다. 굳이 공개 투표를 한 이유는 당선작을 정하는 것도 중요했지만 그 외에 나온 아이디어들을 아이들에게 알리고 싶어서

예요. 기발하고 훌륭한 작품들이 많았거든요. 반응도 아주 좋았습니다. 앞서 말씀드린 '스마일 교문'을 본 1학년 친구는 무섭다고 울기도 했어요?

김소원: 왜요?

배성호: 괴물한테 잡아먹히는 것 같다고요. 주변이 웃음바다가 됐습니다. (웃음) 교문에 대한 고정 관념이 깨지는 순간이었어요. 그 아이디어를 낸 친구가 저한테 먼저 귀띔을 해 주더라고요. 이런 생각이 있는데 공모전에 내도 되겠느냐고요. 그러다 혼나는 거 아니냐고요. 장래 희망이 개그 콘서트 피디라고 말하던 아이였지요. 저는 조금 슬펐습니다. 우리 교육이 얼마나 억압적인지 알게 되었어요. 아이들은 남과 다른 생각을 하면 지레 불이익을 받을 거로 보는 거예요. 저는 괜찮다고 아주 훌륭한 아이디어라고 칭찬해 주었습니다.

김소원: 요즘 아이들도 그렇군요.

배성호: 엉뚱한 일을 잘 벌이는 친구였는데 내심 그런 마음이 있었던 모양이에요. 친구들이 재미있다고 칭찬해도 잘 안 믿어요.

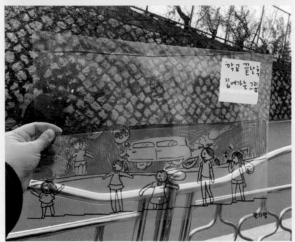

삼양초등학교 학생들이 교문 설계를 위해 현장 조사를 하는 모습.

김소원: 비웃는다고 생각할 수도 있겠네요.

배성호: 그래서 제가 아니다, 선생님은 진짜 네 아이디어에 반했다, 이렇게 진심으로 칭찬했어요. 그랬더니 다음에는 냄비 모양의 교문을 만들어와요. (웃음) 그것도 칭찬했습니다. 그렇게 공모를 마치고 심사를 하는 과정에서 전문가 그룹의 힘이 컸어요. 아까 말씀드린 디자인어스와 공공 건축 일을 하시는 선생님들이 합류했습니다.

웬만하면 다른 분들께는 폐를 안 끼치려고 했는데 나중에는 감당이 안 되더군요. 디자인어스 대학생들도 부담을 느꼈어요. 아직 학생이잖아요. 아이들 아이디어를 구체화하는 데 한계를 느낍니다. 그래서 제가 알아보겠다고 나섰습니다. 혹시나 싶어서 공공 건축 일하는 분들께 부탁을 드렸습니다.

김소원: 이번에도 편지였나요?

배성호: 그렇습니다. 부탁할 사람이 있다, 그러면 일단 편지부터 써요. (웃음)

김소원: 직업적으로 공공 건축을 하는 분들이 있죠?

배성호: 말 그대로 공공건물을 설계하는 분들이죠. 시청이나 주민센터, 소방서, 학교 등을 짓습니다. 건축가 정기용 선생님이 그렇습니다. 제가 개인적으로 평화박물관 회원이에요. 평화박물관 특강과 선생님 저작을 통해 정기용 선생님을 평소 존경해 왔습니다. 안타깝게도 고인이 되셔서 부탁을 드릴 수는 없었습니다. 그런 와중에 평화박물관의 소개 덕분에 김영준 건축가께서 제 편지를 읽어 봐 주시고 직접 연락을 주셔서 감동받았답니다. 일정상 함께하지는 못하지만 적임자를 알아봐 준다고 하셨습니다. 그러고는 일주일 후 강정은 건축가를 소개해 주셨어요. 공모전에서 결정된 설계안을 토대로 시안을 작업해서 보내드렸더니 흥미롭다고 하세요.

투표로 결정된 최종안

김소원: 시안은 아이들이 작업한 것인가요?

배성호: 그렇습니다. 거기에 강정은 건축가님이 운영하는 에브리아키텍츠라는 건축 사무소의 작업이 더해진 거예요. 이때부터 작업이 실무적으로 구체화됩니다. 아이들이나 서울시립대학교 학생들이나 실무 경험이 없었는데 이 부분이 보완된 거지요. 건축 사무소에서 하는 말이 먼저 구조 안전 검사를 받자고 해서 그렇게 했습니다. 그전까지는 교문 설계에 대해 고민했다면 이제 진짜 건축 작업에 들어간 거예요.

김소원: 그분들도 무료로 해 주신 건가요?

배성호: 네, 고맙게도 기꺼이 참여해 주셨어요. 제가 교문 만들기 프로젝트를 군이 책으로 내려는 이유도 거기에 있습니다. 우리 사회의 많은 분들이 대가 없이 참여해 주셨고 그분들에게 고마운 마음을 전하고 싶기 때문입니다. 그리고 그 과정을 보는 독자들이 힘을 낼 수 있기를 바라는 마음이에요. 네, 어쨌든 그래서 안전 검사도 받고 측량도 시작됩니다. 제가 출장 가는 날 교문 앞에서 어떤 분이 그 작업을 하시더라고요. 실감도 나고 그랬습니다.

김소원: 건축 사무소에서 알아서 일을 진행했군요.

배성호: 직원분께 인사를 했더니 알고 계시더라고요. 소장님이 시간이 안 돼서 대신 먼저 실측 작업 중이라고 하더군요. 그렇게 실무는 전문가 분들과 진행했고요. 저희는 또 저희대로 계속 워크숍을 진행했습니다.

김소원: 아이들끼리요?

배성호: 디자인어스와 같이 했어요. 계획을 짜고 건축가 선생님과 협의했습니다. 교문을 지을 때 필수적인 요소와 안전 요소, 선택 요소를 분류하고 아이들이 직접 할 수 있는 부분을 찾아보았습니다. 관련 수업도 진행했어요. 6학년 친구들이 미술 시간에 각자 원하는 재료로 모형을

만들어 보았습니다. 수수깡이나 찰흙 등으로 모형을 만들고 그중 네 개의 샘플을 전교생들과 공유했어요.

김소원: 일종의 모델링 작업이군요.

배성호: 디자인어스 팀에서 고생을 많이 했어요. 아이들이 만든 모형을 해당 지형에 맞게 세팅을 했거든요. 아이들도 그렇고 서로가 자기 일 하듯이 열심히 했습니다. 한번은 우리 아이들하고 사무실에 피자를 사 들고 가기도 했어요.

아이들이 만든 교문 모형.

김소원: 아이들에게도 좋은 경험이었겠네요.

배성호: 네, 덕분에 아이들은 도움 주는 분들이 있어서 전문가 못지않은 결과물을 만들 수 있었습니다. '베이스'라고 해서 교문 주위의 지형에 맞는 바닥을 만들고 그 위에 교문을 세워 보는데요, 이런 작업을 마치고 최종적으로 두 개의 안을 만들었습니다.

앞서 나온 아이디어 중에 휴식 공간에 의자를 놓자는 게 있었어요. 그래서 디자인어스에서 이걸 감안해서 베이스를 만듭니다. 이런 것들은 보통 아이들이 경험할 수 없잖아요. 그리고 이 과정에서 아이들 인터뷰도 진행되었어요. 학교에 갈 때 어땠어? 올라가는 데 많이 힘드니? 이런 질문을 받아요. 그러면서 아이들 입장에서 교문 설계를 하는 그런 식으로 진행된 거예요. 그렇게 나온 두 가지 안은 각각 장점이 있었습니다. 하나는 꿈이 있는 삼양초등학교라는 관점으로 약간 적극적이었고요. 다른 하나는 그보다는 조금 포근한 개념으로 설계되었습니다.

김소원: 결론이 어떻게 내려졌나요?

배성호: 과정부터 말씀드리자면, 전교생이 투표했습니다. 아침 조회 때 교장 선생님이 그 결과를 방송으로 알렸고요. 최종적으로 첫 번째 안으

로 결정됐습니다. 이 과정에서 얻은 소득이 뭐냐면 그전에 나왔던 쉼터 아이디어, 즉 언덕이니까 쉴 만한 의자를 두자는 의견이 반영되었습니다. 지금 저희 학교 입구에는 벤치가 두 군데 생겼어요.

김소원: 최종안 그대로 100퍼센트 똑같이 만든 게 아니군요.

배성호: 네, 꼭 그럴 필요는 없었으니까요. 벤치를 둔다고 해서 원래 설계에서 크게 벗어나는 것도 아니고요. 어쨌든 그렇게 안이 나온 상태에서 실행 작업에 들어갔습니다. 안전검사도 마치고 동문 중에 철강회사에 계신 분도 있고 해서 자문을 얻어 교문 재료 등을 정했어요. 문제는 교문의 높이였습니다. 강화된 소방 안전 규정을 보니까 7미터 이상 높이로 지어져야 한다는 거예요. 그런데 철을 재료로 해서 그만한 높이로 짓자면 예산이 어마어마한 거예요. 게다가 초등학교 교문과는 어울리지도 않고요.

김소원: 그때가 2016년이겠군요.

배성호: 네, 그래서 그때 거의 사업을 접을 뻔했어요.

위기를 만나다

김소원: 원래 계획대로라면 몇 미터쯤 되었나요?

배성호: 계획은 3.5~4미터였습니다. 그 안으로 차량이 원활히 빠져나올 수 있게요. 공사를 방학 때 하려고 마음먹고 있었습니다. 8월 말~9월 초에 실행 안을 확정해서 12월에 작업하는 것으로요. 그때만 해도 분위기가 꽤 좋았습니다. 예산이니 뭐니 다 점검하고 딱 첫 삽을 뜨려고 하는데 난관에 부딪힌 거예요. 도와주겠다던 분들에게도 미안했고요. 사실 도움을 받는 데도 한계는 있었습니다. 좋은 뜻으로 지원해 주시는데 무작정 예산을 늘려 갈 수 없었으니까요. 어쨌든 그런 상황이었는데 실망이 컸지요. 그전에도 몇 차례 학교 공간 개선과 관련한 시도가 있었어요. 교문 새로 짓기도 그런 활동의 일환이었고요.

김소원: '꿈을 담은 교실'도 함께하셨지요?

배성호: 맞아요. 서울시 교육청에서 시행한 파일럿 프로그램입니다. 서울시 교육청과 하자센터의 협력 하에 옥상 올라가는 계단, 텃밭, 뒤뜰 공간을 새롭게 꾸몄습니다.

김소원: 만만치 않은 작업이었겠네요.

배성호: 그래도 필요한 일이었으니까요. 텃밭에는 공구 보관함이 따로 없어서 휴식 공간인 의자를 공구함 겸용으로 만들었습니다.

김소원: 상당히 좋은 아이디어네요.

배성호: 공간의 효율성을 극대화한 거지요. 당시 우리 학교 사례가 굉장히 홍보가 되었어요. 그래서 다른 학교에서도 전격적으로 이 사업을 하기 시작했습니다. 그때가 2017년도예요.

서울시 교육청과 함께 진행했는데 그게 반응이 좋았어요. 그 후에 관심이 화장실뿐만 아니라 교실과 학교 공간 전체로 퍼져 나간 겁니다. 지금은 학교 공간 개선 프로젝트가 전국적으로 벌어지고 있지요.

김소원: 그렇군요. 그럼 다시 교문 만들기 프로젝트 이야기로 돌아와서요. 이전의 사업과 달리 교문 만들기는 실패할 위기에 처했다고 말씀하셨는데요, 그 후 어떻게 진행이 되었나요?

배성호: 교문 만들기가 정체된 사이 다른 공간에 대한 논의는 계속되었습니다. 옥상 공간을 휴식 공간으로 활용하자는 아이디어가 있었고요. 이 부분은 안전상 문제가 될 수 있어 옥상 주변을 환하게 꾸미는 걸로 대신했습니다. 그런 시간을 지내다가 홍경숙 건축가를 만나게 돼요. 그 전까지 힘써 주시던 강정은 소장님이 사정상 그만두게 됩니다. 그래서 2년 차부터는 홍경숙 건축가님과 함께 교문 만들기를 열어 갔습니다. 고맙게도 2년 차 이후 최종 완공될 때까지 홍경숙 건축가께서 정말 많은 정성과 노력으로 도와주셨어요. 학생들도 그 점을 너무 고맙게 생각하고 있습니다. 2년 차에는 논의를 거듭한 끝에 다시 공모하기로 합니다. 그런 다음 교문의 형태를 지붕이 없는 두 개의 문으로 하자는 쪽으로 이야기가 진행돼요.

김소원: 새롭게 다시 공모하신 거예요?

배성호: 네, 그래서 사다리 소방차도 들어갈 수 있게 양쪽에만 문을 세우자는 쪽으로 설계안을 만들었어요. 그렇게 되면 소방 안전도 보장할

수 있으니까요.

김소원: 와, 거의 작업을 새로 하신 거네요. 보통은 이쯤에서 끝내자고 할 텐데, 그만큼 아이들 의지도 컸다고 봐야겠죠?

배성호: 다행히 아이들은 지치지 않았더라고요. 게다가 작년에 주도했던 6학년 친구들은 졸업하고 새롭게 6학년이 된 아이들이 있었습니다. 밝고 활기찬 모습을 보니까 힘이 나고 그랬습니다.

김소원: 아이들이 주체가 되면 그런 장점이 있네요.

배성호: 저도 약속을 했잖아요. 지친다고 포기할 수는 없었습니다. 아이들과 함께하는 게 제 직업인데 저 힘들다고 안 하는 건 계약 위반이나 다름없지요. 어쨌든 그렇게 해서 새로운 안이 나왔어요. 원래의 안과 달라져서 속상했지만 우리의 꿈을 실현하는 게 우선이라고 생각했습니다.

김소원: 결과적으로 매우 독특한 형태의 교문이 된 거 같아요. 보통 사람들은 교문, 하면 양쪽에 기둥이 있고 그 위에 지붕이 있는 걸로 생각하잖아요. 고정 관념이 있는 거죠.

배성호: 의도치 않게 그리되었습니다. 아쉬움이 있다면 구조 안전 점검과 함께 몇 가지 수정 제안이 들어왔는데 끝까지 뿌리치지 못했다는 점입니다. 다행히 공모전에서 결정한 삼각산 모양은 그대로 살릴 수 있었습니다.

김소원: 하나하나 건드리다 보면 나중에는 전혀 다른 결과가 나오기도 하죠.

배성호: 지금 생각해 보면 제가 좀 더 강하게 고집했어야 하는 건 아닌가 싶고요. 그래도 교문 하나 짓는 데도 정말 많은 사람들의 판단이 개입할 수밖에 없고 그 부분을 조율하는 것도 중요하다는 걸 알게 되었습니다. 사실은 교문의 위치도 지금과는 다릅니다. 애초에 지형을 고려해서 설계한 건데 위치가 바뀌는 바람에 혼란이 있었어요. 그러다 보니 일정이 지연되었고요. 처음 저와 함께 시작한 아이들 입장에서는 속상한 일이죠. 내년에는 될까? 싶었는데 또 1년 늦어지고 했으니까요. 결국 프로젝트 시작한 지 3년 차에 기본 설계가 완료됩니다. 여기에는 앞서 말씀드린 건축가 홍경숙 선생님의 정성과 노력이 컸고요. 그런데 여기서 또 하나 문제가 발생합니다. 그럼 어떤 재료로 교문을 지을 것이냐, 했을 때 동문께서 당초 철강 재료를 지원한다고 했잖아요. 그런데 그게 시간이 지체되면서 그만 취소된 거예요.

김소원: 정말 황당한 일이 생겼군요.

배성호: 후원자 없이 교문을 지어야 하는 상황이니까, 아이들 쓰는 말로 '멘붕'이 왔죠. 그게 2018년도예요. 한 고개 넘으면 또 다른 고개가 나오는 형국이었습니다.

　그때도 제자들이 해결책을 내놓아요. 교문을 만들기 어려워졌다, 그럼 이제 어떡할까? 아이들과 의논했습니다. 거기서 '레고 교문' 이야기가 나와요. 아이들과 함께 읽은 과학책에서 힌트를 얻었지요. 교문을 꼭 돌이나 쇠로 만들 이유는 없잖아요. 그쪽으로 의견이 모이자 이번에는 제가 맡아야 할 역할이 있었습니다. 레고코리아에 연락을 하죠.

김소원: 이번에도 편지인가요?

배성호: 물론입니다. (웃음) 먼저 메일을 보냅니다. 우리가 교문 만들기 프로젝트를 진행하는데 회사 차원에서 협력을 해달라는 내용이었습니다. 결과는 깨끗한 거절이었습니다.

김소원: 이번에는 안 됐군요.

배성호: 우울했어요. 만나는 사람마다 교문 이야기를 해요. "아직도?"

"언제나 완공되나요?" "교문이 생기기는 할까요?" 이렇게들 말하는데 그럴 때마다 뭐라고 대답해야 할지 막막했습니다.

김소원: 교문의 늪에 빠졌군요.

배성호: 절망을 거듭하고 있는데 지인으로부터 연락이 왔어요. 그 친구가 말하기를 차라리 직접 교육감님께 편지를 써 보라는 거예요.

김소원: 서울시 교육감 말씀인가요?

배성호: 네, 아차 싶었습니다. 가장 든든한 조력자가 될 수도 있는데 말이죠. 그래서 반 친구들과 다 같이 편지를 썼습니다. 그중 한 친구가 우리는 앞으로 학교 다닐 일이 얼마 안 남았다, 그러니 제발 졸업하기 전에 교문이 세워질 수 있게 도와달라고 호소합니다. 제가 봐도 참 잘 썼어요. 결과는 대성공이었습니다. 교육감님이 답장을 보내 주셨어요. 아이들 편지에 감동해서 길게 글을 적어 보내 주셨습니다. 아이들은 환호했죠. 그렇게 교육감 비서실 등에서 연락이 오고 언론사에서도 취재를 나왔습니다.

김소원: 〈서울신문〉에 기사가 났지요.

배성호: 지금 생각해도 너무 감사한 일이에요. 왜냐하면 그때 진행이 안 된 상태로 계속 갔으면 아마 좌초되지 않았을까 싶어요. 자, 그럼 우리의 교문 만들기는 이렇게 해피엔딩으로 끝나는 걸까요? 결과는 그렇습니다만, 또 우여곡절이 있었습니다.

김소원: 뭐가 또 있나요?

배성호: 사건이 하나 있었어요. 중간에 행정을 맡으신 분이 바뀌셨거든요. 이후 진행 과정이 매끄럽지 못했어요. 무엇보다 가장 안타까운 것은 이 때문에 2년여가 넘게 공들이며 정성껏 교문 만들기에 매진하신 홍경숙 건축가께서 더 이상 교문 만들기에 참여하실 수 없는 상황이 된 거예요.

김소원: 아무래도 새로 관련 일을 하시는 분이 오면 삐걱거릴 수 있지요.

배성호: 행정 부분에서 삐걱거리는 바람에 참 속상하고 힘이 들었습니다. 그럼에도 아이들과 함께 힘을 내서 교문에 작은 돌을 무지개 색깔로 칠해서 전교생들이 자기 꿈을 새겨서 넣자는 제안을 하는 등 다양한 의견을 모아 나갔어요. 연필 모양의 상징물을 만들자는 이야기도 있었지요.

김소원: 연필 아이디어는 학생들 것이지요?

배성호: 네, 아무래도 아이들이 학교 하면 공부, 공부 하면 연필, 이렇게 연상했던 모양이에요. 이를 디자인어스에서 가다듬어 주어서 최종적인 안이 마련되었습니다. 전교생 600여 명의 학생들이 돌에 색을 칠하고 거기에 자신의 꿈을 빼곡히 적었어요. 좋아하는 연예인 이야기를 쓴 친구들도 있었습니다. 정말 '꿈을 담은 교문'이 된 거예요.

김소원: 그럼 완공되기까지 얼마나 걸린 거예요.

배성호: 꼬박 4년이 걸린 셈이에요.

김소원: 그 사이에 졸업한 친구들도 꽤 되겠네요.

배성호: 그렇죠. 처음 참가하였던 당시 3학년 아래 동생들만 학기 중에 새 교문을 보게 됩니다. 그 외 친구들은 안타깝게도 멋진 교문을 보지 못한 채 졸업했고요.

김소원: 그런 난관을 헤쳐 나갈 수 있었던 동력이 무엇일까요?

꿈을 담은 교문

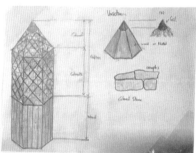

삼양쵸 학생들은 몇년째 교문이 없었던 정문에 설치할 교문을 스케치하기 시작하였습니다. 그 결과 연필 모양의 교문 형태가 나왔습니다.

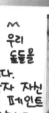

교문은 연필 기둥 안에 우리가 직접 글귀를 적은 돌들을 채워넣는 형태였습니다. 그래서 아이들은 각자 자신들이 적고 싶은 글을 페인트로 칠한 돌에 적었습니다.

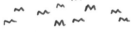

현재 연필모양교문은 공사중입니다. 예정 공사 완료일은 2019. 8. 28 ~ 9. 1 중간!

두근. 두근.
개봉박두👍

교문 완공을 앞두고 아이들이 펴낸 신문 내용.

배성호: 사명감도 있었지만 가장 큰 힘은 역시 아이들이었습니다. 공모전을 하고 편지를 쓰고 했던 일들이 사실 아이들 없으면 불가능했잖아요. 항상 희망을 잃지 않는 아이들 앞에서 선생님으로서 힘을 낼 수밖에 없었습니다.

김소원: 그렇군요. 지금까지 교문 건립 과정을 개략적으로 말씀해 주셨는데요. 이 과정에서 다른 학교에서 참고할 만한 점, 특별히 기억에 남는 점이 있다면 무엇인지 알려 주시겠어요.

세상에 하나뿐인 교문

배성호: 교문 만들기 프로젝트 자체가 제 교직 생활에서 가장 기억에 남는 일입니다. 교사로서뿐만 아니라 전문가 그룹과 협력하고 아이들의 능력을 발휘하도록 돕는 일을 할 수 있었다는 점이 매력적이었답니다. 덕분에 학생들과 공동 수업을 하고 전문가 초빙 수업을 할 수 있었지요. 보통 학교에서 그럴 기회가 얼마나 되겠어요. 그래서인지 교육계의 관심도 매우 컸습니다. 오늘도 전남 무안교육청에서 교감과 장학사 분들 40여 명이 오신다고 연락을 받았어요.

김소원: 오늘이요?

배성호: 네, 제가 안내를 맡기로 해서 인터뷰 끝나자마자 가야 합니다.

우리가 바꾼 공간들을 하나하나 찾아보고 설명할 거예요. 특히 학생 참여에 주안점을 둘 생각입니다.

김소원: 학교에만 머물지 않는 수업이었다고 보면 될까요?

배성호: 요즘 학계도 융합이 중요하지 않습니까? 학교라고 해서 세상과 동떨어진 곳이 아니듯이 사회 각 분야의 전문가들과 협업하는 것은 매우 중요하다고 생각해요. 그래야 진짜 삶의 현장에서 나온, 우리 삶을 바꾸는 지식을 배울 수 있잖아요.

　학교는 아이들의 삶터입니다. 교문은 그중 일부이고요. 그런데 역설적으로 친숙한 공간일수록 문제의식이 약합니다. 공공 기관의 환경 기준이 생각보다 높지 않은 것처럼 말이지요. 저희 학교에 교문이 한 3년 동안 없었는데 아무도 불편해하지 않았어요. 늘 그곳을 통과하다 보니까 없어도 모를 정도로 익숙해진 거예요. 그런데 우리가 교문 만들기 프로젝트를 하면서 '교문'이라는 공간을 새롭게 인식했잖아요. 아이들 스스로 생각해 보고 자료도 찾아보고 직접 디자인에 참여했지요. 아이들이 학교를 졸업하고 어른이 되어서 10년, 20년 후에 학교에 와 보면 어떤 기분일까요? 교문을 볼 때마다 그때 자신들의 모습을 떠올리며 자랑스러워하지 않을까요? 저는 '교문'이라는 물리적 형태보다 그것이 더 소중하다고 생각합니다. 우리가 사는 공간을 어떻게 인식할 것이냐,

하는 문제의식이 이번 교문 만들기 프로젝트의 핵심이에요.

김소원: 교문 자체보다 학교 공간에 대한 문제의식과 시행 과정이 더 중요하다는 말씀이시죠?

배성호: 네, 교문을 지으면서 여러 우여곡절이 있었지만 고맙게도 완성이 되었고, 아이들에게 그것은 민주적 참여 경험이자 학창 시절의 잊지 못할 기억으로 남았을 겁니다. 그거면 됐죠.

김소원: 그렇군요. 자, 그럼 이렇게 여러 난관을 헤치고 교문을 완공했습니다. 감개가 무량하셨겠어요.

배성호: 완공하는 날 비가 많이 왔는데요, 그때 저희 반 친구들과 기념 사진을 찍었답니다.

김소원: 공식 행사였나요?

배성호: 마침 그날 한겨레신문에서 취재를 나와서 역사에 남을 장면을 남길 수 있었답니다.

"우리 꿈 담아 직접 교문 만들어 뿌듯"

전교생 참여로 새 교문 선보인 강북구 삼양초

지난 7일 강북구 미아동 삼양초등학교의 새 교문에서 6학년 4반 학생들이 배성호 담임교사(제일 뒷줄 맨 오른쪽)의 피자 파티 제안에 환호하고 있다. 정용일 기자 yongil@hani.co.kr

강북구 미아동 삼양초등학교에 지난 2학기 시작과 함께 새 교문이 선보였다. 가파른 통학길 시작 지점 오른쪽에 세운 연필 모양의 교문은 조형물에 가깝다. 위쪽 철망 안에는 색색의 돌들이 켜켜이 쌓여 있다. 아래쪽 쇠 부분엔 자연스럽게 색이 바래진 재질에 '서울삼양초등학교'라는 이름이 세로로 새겨져 있다. 4년의 곡절 끝에 마무리된 소박하지만, 삼양초 전교생의 힘을 모아 만든 교문이다.

지난 7일 오후 6학년 4반 교실. 아이들이 원 모양으로 둘러앉아 새 교문에 관해 이야기를 나누는 수업시간이다. 배성호 담임교사가 그간의 과정을 아이들과 되짚어보는 걸로 시작했다. 새 교문 만들기는 2016년 당시 5∼6학년 학생들이 중심이 되어 시작됐다. 가파른 아래쪽 좁은 교문을 운동장이 시작되는 위쪽으로 옮겨 넓이려 했다. 동문 졸업생이 후원을 약속했고, 서울시립대 동아리 '디자인어스' 대학(원)생들과 건축가(강정은·홍경숙)가 재능기부를 약속했다.

삼양초 학생들은 교문 디자인에서 고려해야 할 것들을 배우고, 직접 공모전을 열어 아이디어를 모았다. 학교를 둘러싼 삼각산, 연필, 숟가락 젓가락 등 여러 안이 나왔다. 설문조사에서 가장 많은 표를 받은 삼각산 모양으로 정했다. 하지만 소방안전 규정에 따라 높이 7m 이상으로 만들어야 해 비용이 감당할 수 없을 정도로 높았다. 그러는 가운데 학교운영위는 교문 설치 위치를 원래 장소에 두자는 의견을 냈다. 또 비용을 부담하기로 한 동문 졸업생이 개인 사정으로 후원을 할 수 없게 됐다. 기획이 공정해 해 되는 것 아닌가 하는 우려도 나왔다.

이런 어려움을 극복하게 한 것도 아이들의 노력이었다. 지난해 겨울, 4학년 5반 학생들이 조희연 서울시교육감에게 손편지를 보내

4년 곡절 끝 연필 모양으로 완성
장래희망·좋아하는 글귀 등 담아
교육감에게 손편지 써 지원 부탁
공간 바꾸는 경험에 자신감 '쑥쑥'

교문 제작비를 지원받았다. 다시 불씨를 살린 것이다. 그간 나왔던 디자인 아이디어 가운데 선호도가 높았던 연필 모양으로 만들기로 결정했다.

6학년 4반 아이들은 새 교문의 가장 좋은 점으로 '자신들이 직접 쓴 글이나 그림이 담긴 돌을 넣은 것'을 꼽았다. 전교생(팀이나 개인)이 색칠과 물감으로 원하는 걸 그리거나 썼다. 프로게이머, 게임 유튜버 등 장래희망, '삶게 나게 살자' '자기를 사랑하는 만큼 상대방을 사랑하라' 등의 좋아하는 글귀, 'BTS(방탄소년단) 포에버' 등 좋아하는 아이돌 그룹 응원 글이 포함됐다. 같은 반 이혜원양은 "우리 이야기가 가득한 연필 교문을 만들 수 있어 행운이다"라며 뿌듯해했다.

교문이 새로 만들어지면서 아이들은 학교 공간에 더 관심을 갖게 됐다. 바꾸고 싶은 것도 생겼다. 실내화 없이 야말만 신고 있는 교실 바닥, 학생 전용 휴게실, 축구 골대가 있는 뒤뜰 등 공간에 대한 상상이 교문에서 학교생활 공간으로 넓어졌다. 배 교사

는 "처음엔 장난스럽게 시작했지만, 스스로 새로운 걸 함께 만들어가는 경험을 하면서 아이들은 자부심을 느끼고 자신감이 높아졌다"고 했다.

배 교사는 교육부와 시도교육청이 적극적으로 추진하고 있는 학교 공간 혁신의 경우, 학생 장여형으로 교실, 복도 등 가장 많이 이용하는 공간에서부터 시작되어야 한다고 생각한다. 또한 안전한 내장재, 마감재 쓰기가 함께 이뤄져야 한다고 본다. 배 교사는 지난 7월 서울시교육청이 연 '서울형 미래 교육공간 혁신 워크숍'에 참여해 삼양초 사례를 발표하며 이런 의견을 전했다. 교문 만들기 경험을 나누기 위해 그간의 기록을 책으로도 쓰고 있다. 내년엔 참여했던 아이들과 여럿이용 책을 계획이다.

한편, 서울시교육청은 학교 공간 혁신 사업들을 본격적으로 추진하고 있다. 2017년 '꿈을 담은 교실'로 시작해 학교 공간 변화 사례가 생겨나고 있다. 신현초(중랑구)의 꿈을 담은 놀이터, 녹천중(노원구)의 카페형 상담공간 '소나방'(소통과 나눔방), 담곡초(관악구)의 학생활동 공간 '아고라'와 교사, 학부모의 쉼터 '마마방'(마음과 마음을 이어주는 방) 등이다.

시교육청은 앞으로 학교별 공간 혁신에 관한 중장기 계획을 세우고 각각의 절차와 분야별 전문가를 접목해 공간 혁신을 이어갈 예정이다. '서울교육공간 혁신 시즌2'를 위해 학교건축가제도 도입한다. 조희연 교육감은 미래 교육공간 혁신 워크숍에서 '학교의 작은 공간도 미래역량에 걸맞은 학습 공간이자 삶의 공간으로 혁신할 계획'이라며 "향후 교육혁신센터, 공공건축지원센터 등을 만들어 학교의 공간 설계를 지원하는 시스템을 마련하는 걸 검토하겠다"고 밝혔다.

이현숙 선임기자 hslee@hani.co.kr

〈한겨레〉 2019년 10월 18일자.

김소원: 그러니까 2019년 2학기 시작하면서 새로운 교문을 맞게 된 거네요.

배성호: 네, 연필 모양의 투명한 기둥에 소망을 적은 돌을 채워 넣은 형태의 교문을 그때 완성했습니다.

김소원: 저도 감개가 무량하네요. 어때요, 아이들이 새로운 교문을 좋아하던가요?

배성호: 물론이죠. 일단 다른 학교 교문과 확실히 다르고요. 또 자신들이 직접 손으로 쓴 글들이 늘 거기 서 있다는 생각만으로도 가슴 벅차했습니다. 그래서 제가 공식 행사와는 별도로 우리 반 아이들과 피자 파티를 함께했어요.

양적 혁신에서 질적 혁신으로

김소원: 축하합니다. 이렇게 오랜 시간을 거친 끝에 결국 성공할 수 있었네요.

배성호: 어렵고 힘든 과정이었지만 사실 제일 힘든 건 사람들의 고정관념이었습니다. 공간 혁신이니 하는 거창한 말들 때문에 쉽게 시도하지 못해요. 보통 학교 공간을 개선하자고 하면 얼마나 많은 돈이 들까, 그런 생각부터 하잖아요. 중요한 건 상상력인데 말이죠. 너무 크게 생각하면 아무것도 못해요. 집을 생각해 보면 쉽지 않을까요? 사실 소파와 침대 위치만 바꾸어도 집이 달라져요. 소파나 의자는 앉아서 쉬는 곳입니다. 사람들이 모이는 공간이에요. 그래서 어디에 놓이느냐에 따라 동선은 물론 공간 전체의 느낌이 달라집니다.

요즘 교실이나 복도에 빈 공간이 늘어요. 아이들 수가 점점 줄어들거든요. 그곳에 소파나 의자를 두면 어떨까요? 그러면 주 무대가 칠판 중심에서 그쪽으로 옮겨집니다.

김소원: 소파에서 아이들이 뭘 하나요?

배성호: 정말 많은 용도로 사용됩니다. 상상하기 어려울 정도로 많아요.

김소원: 하나만 예를 들어주시겠어요.

배성호: 일단 소파는 권력의 중심지입니다. 아무나 못 앉아요. 여기에 앉으려면 권력이 필요합니다. 일종의 서열이랄까. (웃음) 어떤 그룹이 독차지하다가 또 그게 바뀌어요. 처음에는 그랬습니다. 그러다가 점점 모든 아이들이 자연스럽게 사용하게 되었어요. 앉아서 이야기도 하고 누워서 쉬기도 하고 해요.

김소원: 소파가 꽤 큰 모양이네요.

배성호: 3인용 정도 되니까, 덩치가 작은 아이들은 충분히 누워서 쉴 수 있는 크기죠.

김소원: 처음에 서로 차지하려고 다투다가 지금은 아무나 누울 수 있는 그런 공간이 되었군요.

배성호: 네, 그렇습니다. 예를 들어 생리통이 있는 여학생 같으면 보건실에 안 가고 그 소파에서 쉬어요. 남자 친구들 중에는 소화가 안 된다고 해서 그곳에 누운 채 수업을 받기도 했어요. 사실 보건실이 들어가기 쉽지 않은 공간이거든요. 제가 사회 교과서를 집필할 때 그 이야기도 했는데요, 역설적으로 보건실이 학생들의 인권을 보장하지 못하는 장소이기도 합니다.

김소원: 그럴 이유가 있나요?

배성호: 정말 사용해야 할 아이들이 못 사용하거든요. 전교생이 1000여 명인 학교에도 달랑 침대 세 개 놓여 있어요. 학내 공간 문제도 있고 예산 문제도 있겠지만 저는 기본적으로 보건실에서 그 부분을 모두 담당하기에 벅차다고 봅니다. 그래서 교실에 쉬는 공간을 두어도 좋다고 생각한 거예요.

김소원: 교실 안에 그런 편안한 공간이 있으면 아이들도 안심이 되겠어요.

배성호: 교실이라는 공간 자체가 바뀌는 거예요. 그런데 소파가 사실은 교실이 아닌 복도에 있던 거예요. 그러다가 교실로 옮겼지요.

김소원: 이유가 뭘까요?

배성호: 복도에 두니까 쉬는 장소가 아니라 몇 명이나 그곳에 올라가나 기록을 재는 공간이 되더라고요. (웃음)

김소원: 그런 사정이 있었군요. 어쨌든 그런 작은 소품 하나가 학교 공간에 새로운 인식을 심어 주는 역할을 하고 있네요.

배성호: 네, 아주 작은 변화가 학교 공간을 바꿉니다.

김소원: 그러니 공간 개선이라고 해서 너무 거창하게 생각할 게 아니다?

배성호: 쉬운 것부터 하자는 말씀입니다. 지금 저희 교실에는 곰 인형이 있어요. 이 곰돌이를 아이들이 아주 좋아합니다. 정서적으로 안정감을 주어요. 저희 반 학생 수가 홀수여서 한 친구가 남아요. 혼자 앉아야 하는데 그때 곰돌이가 짝이 되어 줍니다.

　　곰돌이는 가끔 악역도 맡습니다. 쉬는 시간에 보니까 누가 곰돌이를 때리고 있어요. 왜 그러냐고 했더니 쟤가 선생님이랍니다. (웃음) 그러면서 아이들이 감정을 해소하는 것 같더라고요. 실제로 건축 용어로 그런 소도구를 가리키는 말이 있더라고요. 어쨌든 우연히 시작한 그런 사소한 일들이 공간의 성격을 바꾸더라는 말씀을 드립니다. 교실에 소파 하나 화분 하나만 놓아도 그런 일이 생겨요. 이런 식으로 아이들의 행동도 조절할 수 있습니다.

김소원: 행동이요?

소파 위의 곰돌이 인형.

배성호: 네, 행동 경제학자들이 했던 유명한 실험이 있지요. 암스테르담 공항 화장실 남자 소변기에 파리 한 마리를 그려 넣습니다. 그랬더니 훨씬 깨끗하게 사용했어요. 누가 어떻게 하라고 지시하지도 않았는데 자발적으로 그렇게 행동한 겁니다.

김소원: 우리나라 화장실에서도 볼 수 있지요.

배성호: 맞아요, 사람 행동의 변화를 선하게 바꿔 나가는 것이지요. 뭔가 자발적으로 움직이게 하는 힘이 있어요. 그걸 학교 공간에 적용하는 겁니다. 학교는 조용히 공부하는 곳이라는 생각이 지배적이지요. 그래서 복도에는 뛰지 말라는 경고문이 붙습니다. 그래도 여전히 쿵쾅쿵쾅 소리를 내며 다니는 아이들이 있고요. 그런데 만약에 앞의 원리를 적용해서, 중간 중간 편안히 앉아 쉴 수 있는 의자를 두면 어떨까요? 또는 화분 같은 걸 둔다면요? 그럼 굳이 뛸 이유가 없어지겠죠? 그리고 뛰다가 부딪히면 화분이 깨지니까 조심스레 행동합니다.

　명령하는 것보다 공간을 바꾸는 게 훨씬 효과적입니다. 사실 아이들에게 조심조심 걸으라고 말하는 것 자체가 무리예요. 한창 뛰어놀 나이잖아요. 실제로 소아정신과 선생님들은 뛰는 게 아이들 건강과 정서에 좋다고 해요. 그래서 우리가 공간에 대한 고정 관념에서 벗어나 발상을 전환해야 한다고 생각합니다.

우리 학교의 책상 배치는 천편일률적이에요. 칠판을 향해 일자로 앉습니다. 간혹 모둠별로 배치하거나 디귿자로 하기도 해요. 제가 아는 선배 중에 교실에 그늘막을 친 분도 있어요. 그 아래 침낭까지 깔아 두면 그 자체로 쉼터가 되는 거예요.

김소원: 아이들 입장에서는 신기하겠네요.

배성호: 야외에서나 볼 수 있는 그늘막이 교실에 있으니 얼마나 신기하겠어요. 게다가 그 안으로 들어가고 싶은 마음이 생기잖아요. 편안하고 아늑한 느낌이 듭니다. 학교 식당도 그런 비슷한 시도가 가능하죠. 이색 식당 중에 캠핑카처럼 꾸민 곳도 있고 놀이터처럼 꾸민 곳도 있듯이, 학교 식당을 색다르게 꾸며서 아이들이 즐겁게 식사를 할 수 있도록 도울 수 있습니다.

김소원: 비용도 그리 많이 들지 않겠습니다.

배성호: 그렇죠. 뭔가를 헐고 다시 짓는 게 아니니까요. 예산을 많이 들일 필요가 없습니다. 그래서 제가 늘 학교나 정책 관련자 분들께 드리는 말씀이 있어요. 학교 공간 관련해서 정책을 만들 때 책상에 앉아서 비용 계산만 할 게 아니라 아이들에게 권한을 주라고 해요. 저희 교문

만들 때 아이디어 공모했잖아요. 얼마나 멋진 생각들이 나왔습니까?

　물론 학교에서도 자치 회의를 합니다. 학생들이 모여서 논의를 하지만 문제는 그렇게 해서 무엇인가를 정한다고 해도 권한이 없어요. 학교에서 못 하겠다고 하면 그만입니다. 그래서 아예 그런 일들에 대해서는 논의를 하지 않아요.

　예를 들어서 초등학교에는 환경 미화비가 있어요. 학급을 꾸밀 수 있게 소소한 금액을 책정해 둔 거예요. 그럼 그 돈을 아이들이 쓸 수 있도록 권한을 주는 거예요. 자, 여기 10만 원이 있는데 이 범위 안에서 너희들 마음대로 교실을 꾸며 보아라, 하는 겁니다. 물론 절차적인 부분들은 선생님이 대신해야겠지요. 그러면 정말 아이디어가 넘칠 거예요. 예산을 새로 짤 필요도 없습니다.

　저는 민주 시민 교육이 따로 없다고 생각합니다. 이렇게 자기 공간을 바꾸는 데 주체적으로 나서는 것이 바로 민주 시민의 덕목 아니겠어요. 우리가 늘 '참여'를 말하지만 거기에는 보이지 않는 벽이 있습니다. 결정권은 없으면서 아이디어만 내라고 하는 경우가 많아요. 그러면 동기가 안 생겨요. 아이들도 마찬가지입니다. 책임과 예산을 딱 정해서 그 안에서 자치권을 주는 겁니다. 그러면 어른이 할 때보다 더 좋은 결과를 얻을 수 있어요. 교육 효과도 만점입니다. 이후 공간을 관리하는 것도 스스로 풀어 갈 수 있고요.

김소원: 자기네들이 한 거니까 더 애정을 갖고 보살피겠군요.

배성호: 그럼요. 내가 아이디어 내서 직접 꾸민 건데 함부로 할 수가 없지요. 교실에 음료를 두고 마실 때도 아이들의 의견을 물어보세요. 그럴 때도 딱 얼마의 예산이 있다고 제시를 합니다. 10만 원의 예산이 있다. 무엇을 사서 둘 거냐. 그러면 의견이 분분할 겁니다. 누구는 시원한 음료를, 또 누구는 따뜻한 음료를 좋아하겠죠. 그렇게 해서 책상 하나를 준비하고 그 위에 음료를 두면 쉬는 시간에 마실 수 있습니다. 먹다가 흘리면 치워야 하니까 관리도 잘하겠지요.

제가 요즘 강조하는 게 '사회적 상상력'입니다. 생각에는 한계가 없습니다. 아이들은 그 사실을 잘 알고 있어요. 과거에는 그러지 못했습니다. 군사독재 시절만 봐도 학교는 절대 상상력을 키울 수 있는 공간이 아니었잖아요. 뜻이 있는 선생님들이 이런저런 시도를 했지만 결과는 좋지 않았습니다. 제가 중학교에 다닐 때 전교조 선생님들이 그랬습니다. 그때 이미 외부 전문가를 초대해서 수업을 했어요. 그러다 징계를 당해요. 아이들에게 이상한 생각을 주입한다는 거예요. 딱 나라에서 정해 준 내용만 가르쳐야 하는 시대였습니다.

하지만 지금은 시대가 바뀌었지요. 여전히 한계가 있지만 그래도 그 안에서 이러저러한 다양한 시도를 할 수 있습니다. 중요한 것은 하겠다는 의지예요.

김소원: 지금은 오히려 교육 당국에서 그런 식의 시도를 지원하고 있지 않나요?

배성호: 그렇습니다. 하지만 아무래도 관료적인 한계가 있을 수밖에 없어요. 예를 들어 학교 공간 혁신 예산이 1년 단위로 편성되잖아요. 그리고 결과를 평가합니다. 당연히 그 돈을 어떻게든 써야 해요. 그러다 보니 꼭 필요한 사업이 아닌데도 형식적으로 추진하는 일도 벌어져요. 그리고 시간이 오래 걸리는 일은 시도조차 안 합니다.

김소원: 일단 예산이 배정되면 성과를 내야죠. 그래야 다음에 또 지원을 받으니까.

배성호: 넘쳐도 안 되고 덜해도 안 돼요. 사업 추진하는 사람으로서는 참 힘들어요. 물론 융통성을 발휘할 여지도 있어요. 하지만 어떤 결과를 보여 주어야 한다는 강박에서는 자유로울 수 없습니다. 행정에서는 예산을 썼으니 당연히 결과를 내야 한다는 입장이고요. 그런 구조에서 제일 경계해야 할 게 바로 성과주의입니다.

　　결과를 중요시하다 보면 아이들이 동원 대상이 되어 버려요. 아이들을 위한 사업인데 아이들이 소외되는 결과가 나는 거예요. 중요한 건 아이들의 경험이고 그 안에서 성취를 맛보는 거잖아요. 교문 만들기 프로젝트도 처음에는 제가 주도하고 전문가 그룹을 끌어들이는 등 환경을 조성했지만 중요한 역할은 아이들이 했습니다. 공모전에 작품을 내고, 투표를 하고 당선작을 선정하는 모든 과정에 참여했어요. 나중에 교문을 세우고 그 안에 돌을 채워 넣을 때도 그 시작을 학생 대표가 직접 나와서 했습니다. 그거 그냥 시행사에 맡겨도 되거든요. 하지만 학생이 주체라는 점을 확인하기 위해서 시작을 학생 대표가 열어 갔지요.

그렇게 해서 세상이 하나밖에 없는 교문이 탄생했지요. 이런 경험을 한 번 하면 나중에 또 새로운 일을 할 수 있습니다. 지금 제가 기획하고 있는 수업은 우리 동네 사진 찍어 보기에요.

김소원: 이번에도 아이들이 직접 동네를 돌아다니면서 사진을 찍는 건가요?

배성호: 그렇게 해서 모은 작품을 전시도 할 예정입니다. 내년에 저희 지역에 작은 박물관이 생깁니다. 그곳에서 '아이들의 시선으로 본 우리 동네' 이런 콘셉트로 전시회를 열 예정이에요. 서울시와 사전에 이야기가 되고 있습니다. 사진작가 선생님을 초청해서 수업도 했습니다.

작품집으로 엮어서 졸업할 때 아이들에게 기념으로 나눠 주는 게 지금의 목표입니다.

6학년 4반 소파의 비밀

김소원: 화제를 조금 달리해서요, 앞서 소파 이야기를 하셨는데 이게 공간 개선에만 기여한 게 아니라는 말씀이 있던데요? 교실 유해 물질 관련해서 언론에 나오신 걸로 압니다만.

배성호: 그 소파가 사연이 많습니다. (웃음) 제가 학교의 유해 물질에 대해 관심이 많았어요. 보통 사람들은 잘 모릅니다. 예를 들어 우리 학교 도서실 너무 좋잖아요. 그런데 자세히 보면 유해 물질이 적지 않습니다. 책장마다 붙은 시트지, 우리 눈에는 안 보이지만 납 같은 유해 성분이 많이 들어가 있습니다. 실제로 도서관에서 나눠 주는 책 자리표를 전문가와 살펴보았더니 납이 거의 1만 ppm 가까이 검출되었어요. 지금은 그 심각성을 알고 안전한 것으로 교체하였습니다.

국가에서 관리하는 비품에 납 함량이 많은 데는 이유가 있어요. 예를 들어 조달청에서 납품하는 학교 책걸상에도 납이 많이 들어가 있습니다. 상식적으로 보면 오히려 국가 안전 기준이 더 강할 것 같잖아요. 그런데 실상은 그렇지 않은 거예요. 가격 등을 우선적으로 고려합니다. 그래서 저희가 공공 분야의 환경적 기준을 강화하는 것에 대해 고민을 하고 있어요. 다행히 2019년부터 조달청에서 이런 부분의 문제 제기에 공감해 기준을 강화했다는 소식을 들었습니다. 저희도 측정기를 구해서 화학 물질 측정을 했어요. 여학생들 화장품이나 생활용품에 함유된 유해 성분을 체크했죠. 그러다 우연히 소파를 조사했더니 중금속 성분이 너무 많은 거예요.

김소원: 교실에 들여놓은 소파 말씀이죠?

배성호: 네, 이게 또 〈경향신문〉에 기사로 나가요.

김소원: 직접 기고하신 거예요?

배성호: 그건 아니고요. 기자분이 찾아오셔서 취재를 했어요. 그게 신문 1~3면 특집 기사로 소개되어 이슈화되는 바람에 학교 공간 혁신이 이제는 질적으로 나아가야 한다는 여론이 생겼습니다. 이를 주제로 토

론회도 하고 교육방송에서는 〈지식채널〉에 '위험한 소파'라는 제목으로 소개도 됐어요. 지금은 아이들이랑 유해 성분을 분석해서 안전마크를 달고 있습니다. 보통은 공산품에 안전마크가 달렸잖아요. 그래서 안심들을 하는데, 우리가 생각하는 만큼은 아니더라고요. KC마크 주무부처가 산업 통상부인데, 기업의 이해관계 때문에 정말 안전한 기준으로 하지 못하는 것 같아요. 어쩔 수 없이 우리 손으로 해 보자고 나섰지요. 아무래도 아이들이 어른보다 유해 성분에 더 취약하니까요. 편지쓰기를 또 할 예정입니다. 환경부 장관이나 대통령께도 보낼 거예요.

김소원: 시민 단체에서도 비슷한 일을 하고 있지 않나요?

〈경향신문〉 2019년 3월 23일자.

배성호: '발암물질 없는 사회 만들기 국민행동'이라는 단체에서 열심히 하고 있어요. 환경부에서도 가습기 살균제 참사 이후 정책 연구에 들어갑니다. 성과도 있어서, 아이들이 학교에 입학하면 선물을 주는데요, 거기 학용품에 유해 성분이 없도록 검증하려 합니다. 그런데 문제는 정작 제품을 만드는 기업이에요. 조사를 해 보니, 유해 성분 없는 안전한 제품을 만드는 업체의 경영 상태가 좋지 않아요. 가격 경쟁이 안 되는 거예요. 그래서 아직 유해 성분에 대한 기준도 없고 단가도 안 맞습니다. 안전한 제품은 생산이 제대로 안 되니까 구입하고 싶어도 그럴 수가 없어요. 정부가 물건을 살 때 '가격'에 초점을 맞추고 있기 때문입니다. 그런데 유럽 같은 나라들은 비싸도 좋은 제품을 사거든요. 싼 제품을 산다고 해서 그 혜택이 우리나라 기업으로 가는 것도 아닙니다. 어차피 값싼 중국산 제품과 경쟁이 안 되잖아요. 오히려 적당히 가격을 보장하고 제품의 질을 높이는 방향으로 구매 정책을 바꾸는 게 나아요. 그러면 안전한 학용품을 만드는 기업이 많아지고 그러면서 제품의 질도 좋아지는 효과가 생깁니다. 나라에서도 연구 투자를 해야죠. 지금 환경부에서 저감 물질에 대해 연구하는 걸로 알고 있습니다. 이렇게 정부와 기업이 각자 할 수 있는 일을 하는 게 좋을 거 같아요.

'공간'에는 그 안에 있는 물질도 포함됩니다. 배치를 바꾸고 새로운 건축물을 세우는 것이 양적인 개선이라면 유해 물질로부터 안전한 공간을 만드는 일은 질적인 개선이라고 할 수 있어요.

김소원: 공간의 질이라는 말이 인상적이네요.

배성호: 개념적으로는 그렇지만 실제로는 그다지 거창한 일이 아닙니다. 아이들과 함께 고민하면 재미있게 실천할 수 있어요. 이를 주제로 토론 수업도 했습니다. 1년 동안 수업한 내용을 정리한 자료도 있어요. 이런 걸 들고 정부나 전문가 그룹에 협조를 요청하면 좀 더 설득력이 있고요.

김소원: 대상 물건들이 책상, 의자 같은 가구와 학용품 외에 어떤 것들이 있을까요?

배성호: 체육용품에도 유해 물질이 많습니다. 앞서 말씀드린 발암물질 없는 사회 만들기 국민행동의 박수미 선생님과 연구원들께서 고맙게도 삼양초등학교 체육용품을 전수 조사했어요. 결과는 충격적이었습니다. 80퍼센트 이상이 교체 대상이에요. 그래서 교장 선생님께서 문제가 된 체육용품을 안전한 제품으로 바꿔 주셨어요. 그 점에서 이를 전향적으로 검토하고 현실로 바꾸신 최현섭 전 교장 선생님께 다시 한번 감사를 드립니다. 대개 조사 자체를 안 하시려고 하는데, 오히려 학생들과 선생님의 안전과 건강을 최우선시한 교장 선생님의 교육관이 멋지시기 때문입니다.

제가 연구원분들을 만나서 많은 사실을 알게 되었는데요, 미국이나 독일 같은 나라에서는 학교 물품의 유해 성분을 조사해서 기준치인 600ppm이 넘으면 바꿔야 해요. 이때 유해 성분이라는 게 하나하나에 적용하는 게 아니라 총합으로 따집니다.

거기에 비하면 우리는 아직 걸음마 단계입니다. 제가 다니는 학교가 교육부에서 지정한 안전 연구 학교예요. 그래서 도서실부터 해서 체육용품까지 전부 다 조사했습니다. 수치를 다 기록해 두었어요. 다른 학교도 사정은 마찬가지일 겁니다.

김소원: '소파'에서 교내 유해 물질 검수까지 간 거네요.

배성호: 제가 원래 하나에 관심이 가면 이것저것 알아보는 스타일이라서요. 김신범 선생님 책을 읽고 감명 받아서 그분과 함께 의견을 나누고 있습니다. 이분이 노동환경건강연구소에 계신데요, 『화학물질, 비밀은 위험하다』라는 책을 쓰셨습니다.

김신범, 박수미 선생님을 교실로 초대해서 아이들과 함께하는 특별 수업을 열어가면서 농구공의 유해 물질을 조사했습니다. 우리 몸에 안 좋은 성분이 너무 많았어요. 교육청 담당자와 만나 결과를 두고 상의를 했더니 난감해합니다. 문제는 알겠는데 그런 식으로 하나하나 조사하다 보면 감당이 안 될 거라고 해요. 그래서 설득을 했습니다. 한 번에 모든 걸 바꿀 수는 없다. 작은 것부터 하나하나 해 나가자고요. 제가 알아보니까 스웨덴 스톡홀름 시에서는 학교 유해 물질 제거를 위해 5년 계획을 세웠더라고요. 그쪽 사례를 들었지요. 서울시, 서울시 교육청 관계자들을 만나 우리도 장기 계획을 수립하자고 했습니다.

모든 일에는 절차가 따르기 마련이고 행정적으로 어려움이 따를 수 있다는 점은 충분히 이해합니다. 하지만 어렵다고 시작도 안 하면 어떻게 세상을 바꾸겠어요. 변화는 첫걸음에서 시작합니다.

그래서 지금은 외부에 요청하는 동시에 우리 스스로 안전마크를 만들고 있어요. 예전 교문 만들기 프로젝트처럼 공모전을 해서 참여를 유도하고 다양한 아이디어를 모을 생각입니다.

김소원: 선생님께서는 어떤 문제를 해결할 때 관련 책을 참고하시는 듯합니다.

배성호: 일단 책의 내용을 보고 그 책을 쓰신 분들께 도움을 청합니다. 어느 분야든 책을 썼다는 건 그만큼 해당 분야를 잘 알고 또 고민했다는 뜻이니까요.

김소원: 직접 만나면 어떠세요?

배성호: 본질을 다시 한 번 짚어 보게 되지요. 그전까지는 피상적이던 것이 만나서 이야기를 나누다 보면 윤곽이 잡힙니다. 앞서 화학 물질 책을 쓰신 김신범 선생님을 만났을 때가 떠오르네요. 식당에서 만나 책 사인도 받고 궁금한 것도 여쭤 보았습니다. 다행히 이분이 저와 문제의 식이 비슷하더라고요. 학교 현장과 아이들에 대한 애정이 깊었습니다. 그런 분들을 만나면 무척 기쁘죠. 저와 비슷한 사람이 곳곳에 있구나 하고 힘도 얻고요.

김소원: 어떤 말씀을 나누셨는지요?

배성호: 주로 학교 얘기지요. 선생님도 학교 현장에 대해 궁금해하시더라고요. 실제로 저희 교실에 서너 번 오셨어요. 와서 수업도 하셨고요.

김소원: 전문가를 만나면 아이들이 반응이 어떤가요?

배성호: 집중하죠. 매일 같은 선생님이 하는 말보다는 아무래도 재미도 있고 흥미롭죠.

김소원: 어렵지는 않을까요?

배성호: 전문가들은 설명도 쉽게 잘해요. 물론 처음부터 그런 건 아닙니다. 저는 해마다 외부 전문가 초청 수업을 열어 가고 있는데, 첫 수업 시간에 전문 용어로 어렵게 가르쳤다가 후회하시는 분도 있었어요. 그러다 나중에 아이들 눈높이를 깨닫고 쉽게 잘 이끌더군요. 대상에 따라 설명 방식도 바뀌어야 한다는 걸 깨닫는 거죠.

전문가와 함께 열어 가는 수업

김소원: 아이들한테 전문가 수업은 어떤 의미가 있을까요?

배성호: 드넓은 세상과 만나고 다양한 시선과 마주할 수 있는 선물 같은 시간이지요. 아이들이 만나는 사람은 제한적이에요. 집에서는 부모님, 학교에서는 저와 같은 교사가 전부지요. 하지만 세상에는 다양한 사람들이 살고 있어요. 지식 분야도 다양합니다. 저는 아이들이 드넓은 세상을 배움터 삼았으면 좋겠어요. 꼭 전문가가 아니어도 교과서 밖 세상을 보여 줄 수 있는 사람들이 필요합니다.

　그리고 제가 전문가를 초청할 때는 기준이 있어요. 전문 지식도 중요하지만 우선 아이들에 대한 애정이 있어야 합니다. 자기 일을 사랑해야 하고 세상을 바꾸겠다는 의지가 있어야 해요. 그런 분들을 찾으면 꼭 초대해요. 이런 수업은 아이들 진로 모색에도 도움이 됩니다. 배울 게 정말 많거든요. 아이들도 재미있어합니다.

김소원: 아이들에게는 색다른 경험이겠네요.

배성호: 특별한 수업을 받는다고 생각해요. 그래서 제 별명이 배순신입니다.

김소원: 무슨 뜻이죠? 혹시 이순신 장군?

배성호: "이 수업을 다른 사람들에게 알리지 마라." (웃음)

김소원: 아이들 입장에서 좋은 수업을 독점하고 싶다는 뜻인가요?

배성호: 그렇기도 하지만 동료분들도 그렇게 불러요. 왜냐하면 이런 수업을 한 번 하려면 품이 들잖아요. 손이 많이 가고요. 저야 외향적이고 도전을 좋아하는 스타일이지만 묵묵히 자기 일 하시는 분들로서는 피해를 볼 수도 있죠.

김소원: 그럴 수도 있겠네요. 학교가 변화를 그리 반기는 곳은 아니니

까요.

배성호: 제 수업 방식이 꼭 좋다는 뜻은 아닙니다. 방식이 다를 뿐이지요. 단점도 있습니다. 전문가분들을 자주 모실 수 없으니까 한 번 올 때 여러 명이 수업을 들어요. 강당에서 몇백 명씩 듣습니다. 그러면 아무래도 집중력이 떨어져요. 그래서 좋아하는 아이들도 있고 싫어하는 아이들도 있습니다. 다만, 다양한 방식의 수업은 어떤 식으로든 아이들에게 도움이 된다고 생각하고 있어요.

김소원: 학생들 입장에서는 선택의 폭이 넓어지는 셈이네요.

배성호: 그래서 저는 그때그때 적절한 수업 방식을 고민합니다. 아이들과 토론 수업을 통해 집중적으로 하나의 주제를 고민할 때도 있고 전문가 수업을 통해 새로운 시각을 배울 때도 있어요. 수업은 역동적일수록 좋습니다.

김소원: 다른 선생님들과 협업도 하시나요?

배성호: 그럴 일이 많습니다. 저 혼자 할 수 있는 일도 있지만 그렇지 않을 때는 협조나 양해를 구해요. 다른 반 선생님께 부담을 줄 때도 있어

서 늘 조심스럽습니다. 타협이 잘 안 될 때도 있습니다. 그럴 때는 아이들만 보고 추진합니다. 일이 잘 끝나면 갈등도 풀리고요.

김소원: 해외 교류도 있었다면서요?

배성호: 일본 초등학생들과 5년 동안 편지 교류를 했어요. 그 내용이 『평화를 나누는 그림 편지』라는 책으로도 나왔습니다. 그쪽 담당 선생님이 요시다 히로하루라는 분인데 지금은 정년퇴직을 하셨어요. 이분을 일본의 역사 교과서 왜곡을 주제로 열린 심포지엄에서 만났습니다. 보통은 일본 사람들이 역사 인식이 왜곡되어 있다고 생각하잖아요. 그런데 이분은 달랐습니다. 교사로서 한국 식민 지배 내용이 부족하다고 말씀하세요. 교과서라는 게 자국의 입장을 강조하다 보니까 부끄러운 역사를 가리게 되어 있잖아요. 이 부분은 우리나라도 마찬가지입니다. 예를 들어 우리 교과서에는 일본에 주권을 빼앗긴 경술국치에 대한 서술이 부족해요. 일본에서는 불리하다고 빼고 우리는 부끄럽다고 안 가르치는 겁니다. 그 부분에서 뜻이 맞았어요. 그래서 그럼 우리 아이들과 함께 편지로 의견을 나누는 게 어떻겠냐 하고 의기투합을 했습니다.

김소원: 언어가 서로 다른데 괜찮았나요?

배성호: 그래서 그림 편지로 교류했어요. 그분이 일본 안에서 한국 편든다고 징계도 받고 그랬습니다. 같은 교사로서 존경스러웠어요.

김소원: 매우 뜻깊은 기획이었네요. 동료 교사들도 이런 일에 동참하면 참 좋을 텐데요. 더 많은 선생님들이 이런 수업을 할 수 있다면 얼마나 좋을까요.

배성호: 물론입니다만, 현실이 녹록지가 않아요. 저는 운 좋게 좋은 분들을 많이 만났지만, 학교라는 조직 내에서 기존 방식을 깨는 일은 쉽지가 않습니다. 거기다 학교에도 이제는 자본주의적 관리 방식이 들어와서 불이익을 받을 수도 있어요. 이런 일은 현재 성과급 체제에서는 환영받지 못하는 방식이에요.

김소원: 성과급이요?

배성호: 네, 한 해 동안 근무 성적을 매겨서 성과급을 차등 지급합니다. 지금 많은 현장 교사들이 이 제도에 반대하고 있어요. 그래도 지금껏 계속되고 있습니다. 승진 제도나 성과급의 제일 큰 폐해는 아이들이랑 멀어지면 멀어질수록 위로 올라가는 구도를 만든다는 거예요.

김소원: 수업보다는 행정 관련 처리가 더 중요하다는 거군요.

배성호: 어떤 사회 조직이든 성과를 고려할 순 있지요. 하지만 학교는 조금 달라야 하거든요. 무엇을 위한 성과인가를 생각해 봐야 하거든요. 사실 성과급 문제로 인해 학교 안에서 불필요한 갈등이 생겨 오히려 교육의 질이 낮아지는 비극이 일어나는 것이 안타깝지만 현재 우리 현장의 모습이 아닐까 싶습니다.

교과서만 해도 그래요. 예를 들면 2007년도까지 아이엠에프 사태의 원인은 국민의 사치와 향락이라고 썼어요. 초등 5학년 2학기 교과서에 그렇게 나왔습니다. 말이 안 되잖아요. 국가 주요 정책을 결정한 사람들, 기업 경영을 제대로 못 한 사람들은 빠지고 일반 국민이 비난받아요. 그래서 그런 부분을 제가 지적했더니 그러면 네가 교과서를 써라 하는 식으로 답이 돌아와요. 허탈했습니다. 그렇다고 절망하기만 했던 건 아니에요. 일단 상황이 조금씩 나아지고 있어요. 변화를 추구하는 방식을 바꾸는 것도 한 방법이라고 생각했어요. 앞서 말씀드렸듯이 작은 것부터 아이들과 함께 즐겁게, 바꿀 수 있습니다.

제가 김신범 선생님이랑 친해진 계기는 사회 교과서 덕분이기도 했어요. 이분이 서서 일하는 (계산원) 노동자에게 의자를 제공하자는 캠페인을 처음 제안하신 분입니다. 그런데 제가 6학년 사회 교과서를 쓰면서 인권 단원에 관련 그림 두 개를 넣었어요. 서서 일하는 장면과 앉아서 일하는 장면을 두고 차이를 물었지요. 이분이 그 사실을 알고 너무 기뻐하시는 거예요. 생각이 같은 사람을 만난다는 건 정말 특별한 일이잖아요. 첫 만남에서 함께 오랫동안 이야기를 나누었습니다.

저는 교육 현장에 대해 이분은 자기 전문 분야에 대해 말했지요. 제가 학교 수업을 요청했고 이분도 흔쾌하게 수락하셨습니다.

김소원: 아이들이 특히 좋아하는 수업이 있나요?

배성호: 일단 외부 강사 수업은 흥미를 보입니다. 새로운 세계가 열리는 거니까요. 기억에 남는 수업은 서울시립대학교 정석 선생님이었어요. 이분은 수업을 마치고 교수 식당을 예약해서 아이들에게 돈가스를 사 주시거든요. 아이들은 환호하죠. (웃음) 거기에 직접 디자인한 수첩과 메모지를 기념으로 줬어요. 그러면서 "여러분, 삶을 디자인하는 사람이 되세요"라는 말씀을 전합니다. 정말 멋지지 않습니까?

그리고 또 하나 기억에 남는 게 커뮤니티 매핑센터라고 있어요. 지역의 문제를 수집하고 공유하는 단체인데요, 여기 대표가 임완수 선생님입니다. 이분이 미국에 계신데 한국에 오실 때마다 시간 내서 수업을 해 주세요. 그러면 아이들이 신기해해요. 그분은 그쪽 분야에서 나름대로 중요한 연구 성과를 갖고 계시잖아요. 아이들은 그 내용을 전부 이해하지는 못해도 세상에 그런 일을 하는 사람이 있구나 하는 걸 알게 됩니다. 이것만 해도 큰 성과예요.

김소원: 어떤 사람의 가치관이나 경험을 마주하는 것 자체가 배움이다.

배성호: 네, 아이들도 그 사실을 본능적으로 알아요. 이 사람들이 어떤 마음으로 자신들을 대하는지, 어떻게 살아왔는지, 그래서 설령 강의가 어렵다 해도 아이들 수업 태도가 좋습니다. 일단 흥미를 보여요.

김소원: 아무래도 매일 보는 선생님보다는 특별하겠죠. 그런데 그런 수업에 비용은 어떻게 하세요?

배성호: 학교 지원을 받는데 융통성을 발휘합니다. 과도하게 강사의 개인 정보를 요구할 때도 있고 절차가 복잡하기도 하고요. 그리고 때로는 턱없이 낮은 강사료를 드릴 때도 있습니다. 미안하죠. 그래도 좋으신 분들이 많아요. 임완수 선생님 경우에는 멀리 비행기를 타고 오시는데도 오히려 저에게 이런 기회를 주어서 고맙다고 말씀하실 정도니까요.

김소원: 정말 대단하시네요. 아이들을 만나기 위해 바쁘신 와중에 시간과 비용을 들일 수 있다는 게 참 존경스럽습니다.

배성호: 아이들도 알아요. 그래서 그 시간이 더 소중하다고 느끼지요. 서울시립대학교 정석 선생님은 1학년 학부 수업을 맡으시는데 15주 강의 동안 저희와 함께하는 시간이 있습니다. 그동안 그랬다가 올해부터는 학교 보직을 맡으시는 바람에 더 이상 그 수업을 할 수 없어요. 못내 아쉬워하시더라고요.

제가 읽은 책 중에 존 테일러 개토라는 분이 쓰신 『바보 만들기』가 있습니다. 이분이 미국에서 30년을 교사 생활을 했는데요, 기존의 학교 시스템에 대해 비판하면서 대안을 말씀하세요. 이분 말씀이 아이들은 드넓은 세상 자체가 배움터라고 해요. 저는 이 부분이 참 매력적이었습니다. 교과서 안에 머물러서는 안 된다고 생각해요. 세상의 생생한 삶에서 배워야 합니다. 그게 살아 있는 지식이에요.

즐겁게 도전하는 법

김소원: '안전 지도 만들기' 프로젝트도 하시지 않았나요? 간단하게 설명 부탁드립니다.

배성호: 학교 공간 개선 작업에 들어가기 전에 학교 지도부터 만들었습니다. 이건 실제로 교육 과정에 있어요. 초등학교 2학년 때 마을지도를 그립니다. 마을에 사는 사람들 인터뷰도 하고요. 4학년 때는 안전 지도를 그립니다. 교과서에 '지역의 문제를 해결해 봅시다'라는 단원이 있어요. 자기가 발 딛고 있는 삶터의 문제를 해결하는 내용은 전 세계 어느 교과서에나 있습니다. 중요한 건 정말 아이들이 지역의 문제를 해결하느냐가 아니에요. 자신이 발딛고 사는 삶터를 잘 이해하는 것입니다. 그래서 저는 지도가 중요하다고 생각했어요.

안전 지도는 학교를 중심에 두고 어디가 안전하고 위험한지를 체크하는 거예요. 그런데 하다 보니까 안전한 곳은 계속 안전하고 위험한 곳은 계속 위험하게 방치돼 있어요. 이래서는 안 되겠다 싶어서 지방 자치 단체에 연락했습니다. 구청장에게 편지를 썼어요. 그래서 강북구청장님이 직접 학교에 와서 수업도 했어요.

김소원: 이번에도 편지로군요. (웃음)

배성호: 지금껏 말씀드린 건 다 성공 사례입니다. 안 된 것도 많아요. (웃음) 시간도 꽤 걸립니다. 앞서 국립중앙박물관에 아이들 식사 공간 만든 것도 5년이 걸렸잖아요. 언젠가 사회 참여 동아리에서 초대를 받아 갔는데 거기서 한 학생이 물어요. "선생님, 성공률이 어느 정도 돼요?" 10퍼센트가 안 된다고 대답할 수밖에 없었습니다.

김소원: 생각보다 낮네요.

배성호: 도전한다고 해서 늘 성공하는 건 아니니까요. 그래도 보람이 있으니 계속하는 거죠. 그런데 또 아이들이 물어요. "왜 계속 하세요?" 저는 이렇게 대답합니다. "두드려야 바뀌지 않을까요?" 저 역시 편지 한 통으로는 세상이 바뀌지 않는다고 생각합니다. 하지만 언젠가는 바

뀌는 게 또 세상이거든요. 경험을 통해 이제는 어느 정도 그런 희망을 갖게 되었습니다.

그렇게 계속 도전하려면 재미가 있어야 해요. 의무감만으로는 어렵습니다. 그래서 저는 아이들에게 하고 싶은 일에 계속 도전하라고 말합니다. 그런 경험 자체가 중요하다고요. 우리가 안전 지도를 만든다고 하루아침에 안전해지지는 않아요. 그래도 그런 경험은 남습니다. 아이들이 커서 어른이 되었을 때 그 경험은 좀 더 큰 결과로 돌아와요. 이런 이야기를 했더니 아이들이 '인디언 기우제'라고 해요. 비 올 때까지 계속합니다. 결국엔 성공하잖아요.

김소원: 끈기 있게 믿음을 가지고 해 나가야 한다는 말씀이군요.

배성호: 저는 또 직업이 교사다 보니 아이들에게 모범을 보여야 하잖아요. 교사는 그렇게 아이들이 무언가를 잘할 수 있게끔 앞에서 풀무질하는 사람인 거 같아요. 계속 용기를 북돋우는 거죠. 안전 지도도 그런 차원이었고요. 앞서 구청장님이 오셨다고 했는데, 이분이 편지를 보낸 아이들의 선생님이 저라는 걸 아시고는 반갑게 인사 나누며 웃으셨답니다. "또 배 선생이로군요." 하면서요. 그러다 보니 친해지고 또 이야기를 나누다 보면 서로를 이해하게 됩니다. 그런 식으로 우호적인 관계를 넓혀 나가고 있어요.

김소원: 10퍼센트의 성공률에도 계속 도전할 수 있는 배경이 궁금하네요.

배성호: 호기심과 재미가 커요. 사명감도 있지만 그것만으로는 오히려 지치죠.

김소원: 원래 성격이 긍정적이기도 하죠?

배성호: 그렇죠. 좌절도 하지만 그럴 때마다 반면교사 삼습니다. 실패의 원인을 분석하고 자료로 정리해 두죠. 그러면 나름대로 경험치가 쌓이는 느낌이 들어요. 이번엔 안 됐지만 다음에 잘될 것 같은.

김소원: 실패는 성공의 어머니라는 말이 생각나는군요.

배성호: 그렇다고 혼자 할 수 있는 건 아닙니다. 사람들의 협력이 중요해요. 사실은 그게 더 재미있고요. 전문가 그룹과 같이 가면 훨씬 순조롭습니다. 각 분야의 전문가들을 만나면 새롭게 알게 되는 것들도 많아요. 저로서도 도움이 되지요. 초등 교사들이 전 과목을 다 가르치잖아요. 다방면에 지식이 있어야 합니다.

김소원: 초등 교사들은 박학다식해야 한다는 말씀이군요. 선생님 독서는 어떻게 하세요. 다방면으로 책을 보시는 듯한데요.

배성호: 이것저것 안 가리고 재미있다 싶으면 다 읽습니다. 원래 호기심이 많아서 사회적 상상력 모임도 했어요.

김소원: 모임도 많고 하시고 있는 일도 많은데 시간 관리는 잘 되세요?

배성호: 어렵죠. 그래서 요즘은 생활의 균형을 찾으려고 노력합니다. 제 아이들이 저더러 잠을 푹 자라고 해요. 눈 밑이 검은 '쿵푸 팬더'가 되었다나요. (웃음) 그동안 지독한 올빼미형 생활을 하다가 이제 일찍 일어나서 아침 시간을 활용하려고 합니다.

김소원: 선생님의 그런 기운이 아이들한테도 전달될 것 같아요. 도전과 모험 자체가 긍정적인 영향을 주니까요. 설령 그게 실패했더라도 말입니다.

배성호: 교사의 경험은 자연스레 아이들에게도 전달이 됩니다. 그래서 잘 안 될 때도 꼭 결과를 정리하는 과정을 거쳐요. 그리고 함께 다짐을 하죠. 이번에는 이런저런 일로 어려움을 겪었지만 다음에는 더 잘할 수

있다, 이런 식으로요. 도전도 중요하지만 도전을 위한 도전은 의미가 없잖아요. 그래서 저는 기록을 합니다. 공립학교는 5년에 한 번씩 순환이니까 사람이 바뀌거든요. 그래서 새로운 사람이 오면 모든 게 달라져요. 좋은 점도 있지만 기록이 없으면 또다시 획일화될 염려도 있어요. 그래서 교문을 만들어 간 과정도 기록으로 남기려 합니다. 사실 저희가 발 딛고 선 공간에 대한 이해가 있어야 해요. 그렇지 않으면 다 똑같아집니다. 실제로 어느 학교나 가 보면 특색이 없잖아요. 다 똑같습니다.

김소원: 안전하게 빨리 성과를 내려다보니 획일화된 경향이 있지요. 끝으로, 이 글을 보고 계실 학부모께 하실 말씀이 있을까요?

배성호: 일단 저도 교사이지만 학부모라는 점을 말씀드리고요. 우리가 오늘날 교육의 목적이 민주 시민 양성이라고 했을 때, 이 부분을 틀에 박힌 것으로 봐서는 안 된다는 점을 꼭 말씀드리고 싶습니다. 교육은 명사가 아니라 동사입니다. 연애를 책으로 배울 수 없듯이, 민주 시민 교육도 삶에서 이루어져야 해요. 아이들은 어른의 태도를 보면 압니다. 자신들을 존중하는지 아닌지. 그래서 가정에서 이루어지는 교육도 중요해요. 물론 쉽지가 않지요. 삶에 치이다 보면 마음과 달리 잔소리도 하고 화도 냅니다.

중요한 건 학교든 가정이든 아이들이 믿고 지낼 수 있어야 한다는 점이에요. 그런 공간으로 만들어야 합니다. 이와 관련해서 저도 시행 착오를 많이 겪었습니다. 앞서 박물관 식사 공간 말씀을 드렸는데요, 아이들에 대한 미안함에서 시작했습니다. 제가 박물관을 좋아해요. 개인적으로 그곳에서 많은 것들을 배웠거든요. 아이들에게도 그런 경험을 주고 싶었습니다. 그런데 막상 체험 학습을 해 보니까 아이들이 너무 힘들어하는 거예요. 제가 반성을 하고 사과했죠. 그러고는 아이들에게 스스로 동선을 짜 보라고 했어요. 제 마음대로 데리고 다니는 게 아니라 어디부터 갈 건지 어디에서 쉴 건지 정하도록 했습니다. 그랬더니 확실히 반응이 좋아요. 힘들기는 마찬가지여도 일단 선택권이 자신들에게 있으니 훨씬 적극적이고 활발해집니다. 아이들에게 잘해 주겠다는 의욕이 컸던 반면 배려가 부족했다는 생각을 했습니다. 그래서 다음부터는 어떤 일이든 아이들에게 선택할 여지를 남기는 쪽으로 했어요.

김소원: 부모나 교사의 욕심이 앞서는 경우가 많지요. 그러다 보면 정작 아이들이 무얼 원하는지 놓칠 때가 많습니다.

배성호: 그래서 함께하는 게 중요합니다. 가족끼리 여행을 갈 때도 아이들이 일정을 짜고 음식 메뉴 정하는 일에 참여하도록 해 보세요. 그런 작은 것들이 쌓이면서 능동적이고 주체적인 시민 교육이 이루어진다고 봅니다. 이런 배경 없이 학교 수업에서 '민주 시민 교육'을 하면

아이들이나 교사나 딱 몸이 굳어요. 머리로는 아는데 몸으로 익히지를 못합니다.

그러니 아이들과 함께 시장에 가셔서 내일 아침에 뭐 먹을래? 일요일에 뭘 먹을까? 하고 질문해 보세요. 함께 요리를 해볼 수도 있고요. 그런 작은 선택들이 큰 변화를 이끕니다.

김소원: 공간 문제에서도 그런 방법을 쓰면 되겠네요. 자기 방을 꾸밀 때나 공동 공간에 가구를 배치할 때 의견을 묻는다든가 하는 식으로요.

배성호: 얼마든지 가능합니다. 하다못해 장난감 위치도 그래요. 저희 집도 무수히 많은 소품들이 있는데 배치를 문 앞에다 둘지 화장실에다 둘지 함께 결정해요. 우리 여기는 들어가지 말자, 이렇게 공동 금지 구역도 정해요. 예전 우리 어렸을 때 다락방은 '출입금지' 이랬듯이 말이죠. 생각보다 재미있습니다.

사람은 누구든 통제권이 있을 때 주체적이 돼요. 지금 우리 아이들에게 가장 필요한 덕목이지요. 어른들이 잘하고 싶은 마음에 모두 결정해 버려요. 이런 과잉보호가 아이들을 무기력하게 만들 수도 있습니다. 우리가 사교육이 좋지 않다고 하잖아요. 그런데 어떤 아이는 가고 싶어 해요. 혼자 집에 있는 게 힘드니까요. 그럴 때는 함께 의견을 나누어서 아이에게 선택할 수 있게 해야 한다고 봅니다.

꿈을 담은 교문

김소원: 공부 욕심이 있는 애들이 있으니까요.

배성호: 그렇죠. 그런데 우리는 무언가 아이들에게 중요한 영향을 미치는 결정을 어른들이 다 해 버리는 경향이 있어요. 산책할 때도 어디에 갈지 물어보지 않잖아요.

김소원: 어른이 결정하면 아이들은 따라가는 거죠.

배성호: 아이의 선택이 불만족스럽더라도 존중해야 해요. 그래야 스스로 도전하는 아이로 키울 수 있습니다.

* 이 인터뷰는 월간<개똥이네 집> 168호에 싣기 위해 2019년 10월 10일 김소원 선생님이 인터뷰한 내용을 다시 정리한 글입니다.

* 김소원
어린이도서연구회에서 처음 어린이책을 공부했다. 출판사에서 책 만드는 일을 해 왔고, 어린이 체험 프로그램을 운영하기도 했다. 지금은 잡지에 글을 쓰고, 청소년들과 책 모임을 하고 있다. 양성평등적 입장에서 역사를 바라보기 위해 여성문화유산연구회에서 활동하며 여성 역사 관련 강의와 답사 해설도 한다. 『독립군이 된 어머니』, 『조선 후기 원주 출신 여류시인·여행가 김금원』을 썼다.

'꿈을 담은 교문' 만들기 주요 진행 과정

2016년	3월	교문 공모 실시
	4월 25일	정문 디자인 아이디어 공모전 시상 및 발표
	5월 17일	1차 워크숍 (6학년 5반, 디자인 사용자 의견 수렴)
	5월 26일	1차 전문가 협의
	6월 2일	2차 전문가 협의
	6월 7일	2차 워크숍 (6학년 5반, 선택+필수요소 14개 추출, 모델링)
	6월 9일	3차 워크숍 (6학년 전체 모임)
	6월 14일	4차 워크숍 (6학년 6반, 형태 디자인 초안 소개 및 의견 수렴)
	6월 22일~26일	3~5차 전문가 협의 – 형태 디자인 컨셉 결정, 모델 스터디, 최종안 추출
	6월 27일~7월4일	결과물 제작 및 협의
	7월 5일	결과물 공유 및 투표
	7월 중순	최종 결과 발표
	8월-10월	최종안 결정 -> 구조 안전 검사는 마쳤으나 안전 기준 강화로 교문 설계 원점에서 재검토
	8월~12월	새롭게 도전

	3월	교문 공모 실시
2017년	4월	정문 디자인 아이디어 수렴
	4월~7월	워크숍 과정
	7월	최종안 결정 -> 최종안은 결정되었으나 교문 위치 조정 문제로 교문 설계 다시 하기로 함.
2018년		지원을 해 주기로 한 동문회 사정이 여의치 않아짐, 여러 다양한 시도를 하였으나 현실로 구현되지는 못함
	11월	교육감님께 편지를 쓰면서 지원 요청을 함. 답신과 함께 교문 예산을 지원해 줌.
	12월	행정적 문제로 인해 진행의 어려움을 겪음
2019년	3월	6학년 4반을 중심으로 다시 설계안 협의
	7월	최종안 도출
	8월~9월	교문을 전교생이 직접 채색
	9월	최종 완공

서울 삼양초등학교 교문은 2016년 3월부터 2020년 9월까지 4년여에 걸쳐 학생들과 교직원 그리고 동문이 함께 뜻을 모아 만들었습니다. 이 과정에서 건축가이신 강정은, 홍경숙 선생님과 서울시립대학교 도시공학과 디자인어스의 김호철 김소엽, 김윤필, 김현기, 한소임, 황채은 님이 큰 도움을 주셨습니다. 그리고 조희연 서울시 교육감과 당시 삼양초등학교 최현섭 교장 선생님의 지원 속에서 학생들이 주도적으로 교문을 만들 수 있었습니다.